時報出版

Richard Carlson, Ph.D.

里察‧卡爾森博士◎著

朱恩伶◎譯

別為小事抓狂 特輯

The Don't Sweat the Small Stuff Workbook

完全行動手冊

你常小題大作，被情緒牽著鼻子走嗎？

你常為生活中的不完美耿耿於懷嗎？

本書教你有效實踐「別為小事抓狂」的主張，

讓你變成輕鬆自在的生活行動家！

別為小事抓狂 網站

歡迎光臨

和 理查・卡爾森博士 一同打造快樂人生！

http://dontsweat.com

善用生命中的天賦
──自序

　　我很感激我的著作《別為小事抓狂》受到如此溫馨的歡迎。好幾百萬人把這些訊息牢記在心，而且嘗試把這些想法付諸行動，做一個更親切、更聰明、更快樂、更有耐心、也更沒有壓力的人。我何其有幸，收到成千上萬讀者的來書，他們在信中表達了他們的謝意，並且跟我分享了他們的故事。許多讀者跟我分享了他們學會不為小事抓狂的各種方法，有些很有趣；有更多是極為感人的。看來幾乎每個人都有他們特別偏愛的策略，而這本書對他們的生活尤其有正面的影響。

　　除了讀者來函以外，我還在全國的新書簽名會和演講中遇見無數的人。一再有人問我，有沒有可能寫一本完全行動手冊，好讓這些概念更容易實行。由於很多人確實最容易透過練習的方式來學習，也因為我向來很用心傾聽讀者的意見，就容我在此引介《別為小事抓狂特輯──完全行動手冊》。

　　每個人無疑都覺得《別為小事抓狂》中有某些策略比其他的更難實行。雖然本能上你曉得哪個特殊策略對你的生活有益，但可能也需要一點幫忙才能加強它們。我的建議是這樣

的：花一點時間重新閱讀你正在思考的整個策略。讀完以後，打開這本完全行動手冊的同一則策略，開始做測驗。

我希望你可以用平常心來看待這本完全行動手冊，就像我寫它的時候一樣輕鬆。換句話說，當你有心實行這些建議，盡全力要把這些材料融入你的生活中，我鼓勵你在這樣做的時候，臉上要保持笑容。不要去「計算」你得了幾分，也不要把任何一項測驗看得太嚴重。你當然不要為了「別為小事抓狂完全行動手冊」「抓狂」！這些策略只是設計來幫助你保持平衡，將你這一生中的天賦發揮到極致。

祝福你能夠掌握《別為小事抓狂特輯──完全行動手冊》的素材，運用在你的日常生活中。希望這本完全行動手冊可以讓你的生活變得更輕鬆。謹在此獻上我的愛與最衷心的祝福。

珍惜你自己
理查‧卡爾森

自序　善用生命中的天賦　　理察・卡爾森博士 ‥‥‥‥‥‥‥　01

1　別為小事抓狂 ‥‥‥‥‥‥　001

2　跟不完美和解 ‥‥‥‥‥‥　005

3　不要以為溫柔又放鬆的人，會沒有成就 ‥‥‥‥‥　008

4　小心你的「想法」滾出雪球效應 ‥‥‥‥‥　011

5　培養你的同情心 ‥‥‥‥‥　013

6　即使離開人世，還是會有沒做完的事 ‥‥‥‥‥　015

7　不要打斷別人的話，也不要搶別人的句子 ‥‥‥‥‥‥　018

8　為別人做件好事，但不必處處張揚 ‥‥‥‥‥　020

9　有時不妨把榮耀讓給他人 ‥‥‥‥‥　022

10　學習活在當下 ‥‥‥‥‥　026

11　大家都開竅了，只有你還沒 ‥‥‥‥‥　028

12　承認自己的「錯」，接受對方的「對」 ‥‥‥‥‥‥　030

13　變得更有耐心 ‥‥‥‥‥　034

14　創造「耐心練習週期」 ‥‥‥‥‥‥　036

15　做第一個付出愛心或伸出援手的人 ‥‥‥‥‥　038

16　請問自己：「一年後你還會在乎這件事情嗎？」‥‥‥‥　042

目

錄

044 ———————— 接受生命不公的事實 **17**

046 ———————— 容許自己感到無聊 **18**

049 ———————— 降低你對壓力的容忍度 **19**

051 ———————— 一週寫一封真心誠意的信 **20**

052 ———————— 想像參加自己的葬禮 **21**

054 ———————— 向自己複誦：「生命不是一樁緊急事故」 **22**

058 ———————— 實驗你的心靈燜燒鍋 **23**

060 ———————— 每天花一點時間想想應該感謝誰 **24**

063 ———————— 給陌生人一個微笑，凝視他們的眼睛，說聲哈囉 **25**

067 ———————— 每天安排一段安靜的時光 **26**

069 ———————— 把你生命中的人想像成小嬰兒和百歲人瑞 **27**

071 ———————— 先了解別人，再說 **28**

074 ———————— 做一個體貼的傾聽者 **29**

076 ———————— 選對你要打的仗 **30**

079 ———————— 察覺自己的情緒，不要被情緒低潮愚弄了 **31**

082 ———————— 生命是一場測驗，它只是一場測驗 **32**

084 ———————— 讚美與苛責都是一樣的 **33**

34 練習隨意的善行 088

35 觀察行為的背後 089

36 看見無辜 091

37 選擇做仁慈的人而非對的人 093

38 （今天）告訴三個人，你有多愛他們 097

39 練習謙虛 098

40 不知道今天輪到誰倒垃圾，就先去做吧！ 101

41 避免在雞蛋裡挑骨頭 103

42 每天花一點時間，想個人去愛 107

43 變成人類學家 109

44 尊重個別差異 111

45 發展出你的助人儀式 113

46 每天，至少告訴一個人你喜歡、仰慕或欣賞他的地方 114

47 別為自己的缺點講話 116

48 記住，每樣東西都留有上帝的指印 120

49 克制想要批評的衝動 124

50 寫下你最嚴重的五種頑固，看能不能有彈性一點 126

目

錄

127 —— 為了好玩，同意讓批評的箭頭指向自己（然後再看著它離開）**51**

129 —— 在別人的話中找真理 **52**

131 —— 想像玻璃杯已經打破了（萬物俱碎）**53**

133 —— 了解這句話：「無論你去哪裡，你就在哪裡」**54**

135 —— 開口前先呼吸 **55**

137 —— 感覺好時要感激，感覺不好時要保持風度 **56**

140 —— 變成一個比較沒有侵略性的司機 **57**

142 —— 放鬆 **58**

146 —— 透過通信認養一個小孩 **59**

148 —— 把你的悲劇變成一齣喜劇 **60**

150 —— 用全然不同的觀點閱讀文章和書籍，試著學一點東西 **61**

153 —— 一次做一件事就好 **62**

155 —— 數到十 **63**

156 —— 練習處在「暴風眼」中 **64**

160 —— 在你的計劃中保持改變的彈性 **65**

162 —— 想想你擁有什麼，而非你想要什麼 **66**

164 —— 練習不理會你的負面想法 **67**

68 虛心向朋友和家人學習 ⋯⋯⋯⋯⋯ 167

69 滿於現況 ⋯⋯⋯⋯⋯ 168

70 記住，你會變成你最常練習的樣子 ⋯⋯⋯ 171

71 靜下心來 ⋯⋯⋯⋯ 174

72 學習瑜伽 ⋯⋯⋯⋯ 176

73 讓服務成為你生命中的一部份 ⋯⋯⋯⋯ 179

74 幫人一個忙，但是不要求或期待回報 ⋯⋯⋯ 182

75 把你的問題想成潛在的老師 ⋯⋯⋯ 184

76 安於不知道 ⋯⋯⋯⋯ 186

77 接受百分之百的自己 ⋯⋯⋯ 190

78 讓自己放鬆一下 ⋯⋯⋯ 192

79 停止怪罪他人 ⋯⋯⋯ 194

80 做一個早起的人 ⋯⋯⋯ 195

81 想幫忙，就專注在小事上 ⋯⋯⋯ 197

82 記住，一百年後，都是新人 ⋯⋯⋯ 198

83 快樂起來 ⋯⋯⋯ 199

84 養一棵植物 ⋯⋯⋯ 201

目

録

203 ──────── 多花一點時間去改造你的問題 **85**

206 ──────── 下次爭吵時，別急著為自己辯護，先聽聽別人的觀點 **86**

208 ──────── 重新定義一個「有意義的成就」 **87**

211 ──────── 傾聽你的感覺（它們想告訴你某件事） **88**

212 ──────── 如果別人投一個球給你，你並不需要接住它 **89**

216 ──────── 凡事都會過去 **90**

217 ──────── 用愛充滿你的一生 **91**

219 ──────── 明白你的思想能量 **92**

221 ──────── 放棄「多就是好」的想法 **93**

225 ──────── 不斷問自己：「這真的很重要嗎？」 **94**

226 ──────── 信任你直覺的心 **95**

228 ──────── 對現況敞開心扉 **96**

231 ──────── 管好自己的事 **97**

233 ──────── 在平凡中尋找不凡之處 **98**

235 ──────── 安排時間做內心功課 **99**

236 ──────── 把今天當作最後一天來活，它可能就是！ **100**

1
別爲小事抓狂

我們經常爲一些事情抓狂，其實仔細想一想，這些都不是眞的什麼大不了的事。我們只是專注在一些小問題和憂慮上，把問題過度放大了。不管是聽到不公平的批評，還是分擔工作，如果我們學會不要爲小事抓狂，就可以獲得莫大的回報。

你經常「爲小事抓狂」嗎？填完這份問卷就知道。下面的十個問題中，都各有三種描述，請選出哪一種最能形容你的情況，然後再把括弧裡的分數填在空格裡。

1.看到某個人抱著十項以上的物品排在雜貨店的快速結帳隊伍時，我會：

____指出那個人的錯誤，並建議他去排另一條結帳隊伍。 (1)

____不讓這事件困擾我。 (3)

____我就火大，爲這個不懂得爲別人著想的人感到難過。 (2)

2.在觀賞期待已久的節目時，有線電視突然故障，我會：

____聳聳肩膀，說它還會再重播的。 (3)

_____咆哮發洩心中的失望。 (1)

_____打電話給有線電視公司報修。 (2)

3.在得來速窗口購買食物後，我發現買錯了，我會：

_____回去跟經理大聲理論，要求退錢。 (1)

_____向周圍的人抱怨，並且挑剔食物。 (2)

_____將錯就錯享受我的午餐。 (3)

4.有人在戲院裡說話，我會：

_____大聲發出噓聲。 (2)

_____換一個位子。 (3)

_____通知經理。 (1)

5.當販賣機吃了我的銅板時，我：

_____從未踢打或搖晃機器，只是換一部。 (3)

_____有時會踢打和搖晃機器，全看我多生氣而定。 (2)

_____通常都會踢打和搖晃機器——我痛恨被欺負。 (1)

6.在擁擠的停車場裡，我發現有人佔用了兩個車位，我會：

_____在那個人的車窗上留紙條，指出他太不會替別人著想了。(1)

_____假想刮對方的車，可是繼續往前開。 (2)

_____繼續去找停車位。 (3)

7.有天早上，報紙來遲了，我會：

＿＿＿繼續做別的事，決定吃午飯時再看報紙。 (3)

＿＿＿打電話給送報辦事處，讓他們曉得。 (2)

＿＿＿感到挫折和不悅，因為我早上的作息順序被打亂了。 (1)

8.在餐廳裡，我注意到比我晚來的人先吃到食物，我會：

＿＿＿覺得自己被疏忽了，所以向女侍抱怨。 (2)

＿＿＿猜想自己的食物可能要調理久一點，而耐心等待。 (3)

＿＿＿失去胃口，離開餐廳。 (1)

9.我前面的車子違規左轉，我會：

＿＿＿在等待時猛按喇叭，比出下流的手勢。 (2)

＿＿＿突然換車道以表達我的抗議。 (1)

＿＿＿猜想那個人必有不得已的苦衷才會違規，而耐心等待。(3)

10.銀行只開了一扇窗口，結果大排長龍，我會：

＿＿＿檢查自己要辦的事項，確定我的交易不會太久。 (3)

＿＿＿翻眼球，唉聲嘆氣，查看手錶。 (2)

＿＿＿大聲向四周的客戶抱怨。 (1)

抓狂指數記分板

21～30：你很少為小事抓狂。

11～20：你還需要練習一番，才能把每件事看成小事。

1～10：你太常為小事抓狂了。請試著放輕鬆點！

完全行動手冊

2
跟不完美和解

每當我們執意堅持己見時，不但無法改善任何事情，而且註定要打一場失敗的戰爭。我們不但不懂得為已經擁有的一切感到滿足與感激，還拚命鑽牛角尖找差錯，執意要修正它。當你消除所有生活領域的完美需求時，你就會發現生活本身的完美。

　　你是否為生活的不完美感到耿耿於懷？完成這張問卷就曉得。下次你想要「改進」什麼事情時，或許可以回憶一下你的答案。每個答案，**從未**是0分，**有時候**是5分，**經常**則是10分。

1. 你去別人家作客時，是否會將圖畫調正？　　____
2. 在女傭打掃過你家或飯店房間後，你會檢查看看還有
   沒有灰塵嗎？　　____
3. 你去外面做完汽車美容後，還會自己再清理一遍嗎？　　____
4. 你在閱讀時會尋找印刷或文法錯誤嗎？　　____
5. 你會在心裡「糾正」你見到的人的服裝或化妝嗎？　　____
6. 你在餐廳開始進餐前，會不會把餐具擦一遍？　　____
7. 你會向餐廳經理抱怨服務問題嗎？　　____

8. 你會大聲糾正其他說話的人的文法或發音錯誤嗎？ ____

9. 你會擔心自己在說話的時候犯同樣的錯誤，而且擔心一旦出錯，不曉得別人會怎麼想嗎？ ____

10. 在朋友家作客時，你會大聲分析某道食譜中「缺少」了什麼嗎？ ____

11. 你會格外擔心自己的廚藝無法取悅別人嗎？ ____

12. 你會在一項完成的計畫或公開報告中指出老闆的小錯誤，即使它們無關緊要時也如此嗎？ ____

13. 看電視節目或電影時，你會告訴其他觀賞者，如果換你來拍會怎麼拍嗎？ ____

14. 你會批評名人的行為嗎？ ____

15. 除了自己家，你會在心裡重新裝飾別人的房子嗎？ ____

16. 你一直對自己生活空間的外觀感到不滿嗎？ ____

17. 你不斷對自己的外表感到不滿嗎？ ____

18. 經過一個穿著沒有品味的人身旁，你會向同行的人批評對方嗎？ ____

19. 參加過一項宴會後，你會批評其他客人嗎？ ____

20. 你會重做別人做過的不重要的事情嗎？ ____

21. 你會多管閒事的給別人意見，告訴他們應該怎麼做嗎？ ____

22. 你向別人講述一次愉快的假期時，是否覺得必須連小差錯一起說？ ____

23. 買東西以前，你會花很多時間去找最好的嗎？ ____

24. 買東西以後，你會擔心沒有買到最好的嗎？ ____

25. 你常常調整小東西（書桌上的小東西、工具、家庭用品等等）嗎？ ___

26. 在出門以前，你會在心裡挑剔自己的外表嗎？ ___

27. 你是否常常問朋友，某件事情你做的好不好？ ___

28. 入睡前，你是否會想一想今天還有什麼事情沒做完？ ___

29. 你會在心裡為自己的錯誤列一張清單嗎？ ___

30. 你是不是很難接受抱怨？ ___

抓狂指數記分板

100以下：你覺得這個世界是一個令人滿意的地方。

100～150：你很隨和。

150～200：你可能會發現有人老是避著你。

200～250：你可能是一個批評家。

250以上：哇噻！

別為小事抓狂特輯

3

不要以為溫柔又放鬆
的人，會沒有成就

我們之中有許多人庸庸碌碌、戒慎恐懼地保持競爭力，主要的原因之一，是害怕我們一旦變得比較平和可愛，就會達不到我們的目標。只要你明白事實恰好相反，你就可以打消這個害怕的念頭。當你感到害怕和瘋狂時，你最大的潛力將會動彈不得，更不用提享受了。相反的，當你擁有你想要的東西（內心的安寧）時，你就比較不會因你想要的、需求的、渴望的、和關心的事物而分心。以下的是非題可以讓你了解自己的成就態度。

1. 你是否常常為了擔心工作而失眠？　　　＿＿＿

2. 你跟朋友在一起的時候，是不是不斷在談工作？　　　＿＿＿

3. 你在完成一項計畫之前，是否已經開始在想下一個了？　　　＿＿＿

4. 你是否「暫停」了私人生活，以便照顧事業？　　　＿＿＿

5. 你是否會嫉妒別人的成就？　　　＿＿＿

6. 當你達到一個目標，或者得到你辛苦追求的東西時，
　　是否會花一點時間享受一下這個成果？　　　＿＿＿

7. 你是否忙得沒有時間培養一個休閒嗜好？　　　＿＿＿

8. 你是否常常忙得沒吃午飯？ ____

9. 成功是否意味著要做第一個去擁抱最新潮流，擁有最
新型的汽車或玩意兒，或者比鄰居擁有更多的人？ ____

10. 你是否害怕一不留意，就會失去所努力的一切？ ____

如果你回答這些問題的答案有一半以上是肯定的，那麼你很可能沒有好好花點時間想想，怎樣才可以得到真正的快樂。辛勤的工作讓你分心，不曉得自己需要什麼，才能找到內心的安寧。請試著用下面這項練習來幫助你自己。

1. 列出一張清單，寫下你所做過的事情，有哪些可以帶給你一種安寧和享受的感覺。這些可能是非常簡單的事情，像洗車，嗅嗅祖母的玫瑰花，或者拜訪鄉村小店。不要害怕回歸比較簡單的時光，當時你心中的牽掛比較少。把這些活動一一寫下來。

2. 找時間做上述單子上的一、兩項活動。如果有必要，就把它們寫進你的行程表，跟自己訂個約會。這個想法是要用私生活來調劑你的工作。這就是「超級成就」的真諦。

3. 列出超級成就者的特質。

4. 列出放鬆、安詳和充滿愛心的人的特質。

5. 把列在第3點和第4點中吸引你的特質圈起來，在你的日常生活中努力去達成。

4

小心你的「想法」
滾出雪球效應

你是否曾經注意到，當你困在自己的想法中時，會感到何等的焦急不安？思緒一個接著一個，直到你焦躁到不可思議的地步。解決之道就是，在你的思緒有機會形成任何動力之前，就先注意到你的腦子裡發生了什麼事。你越早逮到內心正在滾雪球，就越容易阻止它。

　　你是否察覺得到自己想法中的雪球效應？如果沒有，就試試下面的練習。

●想一想你明天要做的每件事。
●把心頭浮現的每個想法寫下來。
●想法不斷醞釀時，注意你的感覺是怎樣的。
●摘要記下你對每個想法產生的反應（感覺、身體的症狀）。

1. 形容你的內心思緒滾雪球時的感覺。它會給你一種安寧和平靜的感覺嗎？還是比開始的時候讓你感到更有壓力？

2. 檢視你的反應。圈出任何你想要避免或消除的感覺或身體症狀。對於每一個反應，請寫幾句你想做的改變。

3. 列出一些方法，在這列思緒的火車有機會開出之前，就阻止它。例如，不要鑽牛角尖想你有多受打擊，想想你有多欣慰自己還記得做些什麼！

完全行動手冊

5

培養你的同情心

同情心牽涉到設身處地替別人著想的意願。這個認知是瞭解別人的問題、痛苦和挫折，也跟我們的一樣真實。承認了這個事實，並且試著提供一些幫助，我們不但打開了自己的心，也大大培養了我們感恩的心。恰如德蕾莎修女提醒我們的：「我們無法在人間做偉大的事情。我們只能用大愛來做小事。」下面是一些可以在生活中增強你的同情心的方法。

1. 列一張清單，寫出可以表現同情心的方法。有些例子是，給陌生人一個笑容，幫一個苦惱的朋友買雜貨，自願去療養院做義工。至少列舉十個例子。

2. 你在他人身上目睹了哪些富有同情心的態度？列舉出來。

3. 這些態度為何讓你牢記至今？哪些特質讓它們如此特殊？

4. 你在日常生活中，有哪些時候會沒有同情心？好比，你是不是一個有攻擊性的駕駛人？當一個售貨員或餐廳服務生提供

的服務不夠好時，你是否會對他們破口大罵？把這些情況當作鍛鍊同情心的機會。

5. 從你剛剛列舉的兩張單子裡，選擇你做過的或常常做的富有同情心的行為，並抄下來。

6. 這些態度有什麼共通點？

7. 從第1項和第2項清單中，挑選你有意想做或很樂意做，但是還沒做的事，並抄下來。

8. 這些同情行為有什麼共通點？是什麼事情阻止你這麼做？

9. 如果你發現自己排斥執行新的同情行為，就花點時間去嘗試。先試簡單一點的。要察覺它們帶給你多麼美好的感覺，和它們帶給別人的感受。寫下一兩個做法簡單的例子。

10. 每天（還有現在）花一點時間，想像把同情心融入你的生活中。請完成這個句子：我的下一個同情心之舉會是……

6
即使離開人世，
還是會有沒做完的事

我們通常會說服自己，我們對於待辦事項名單的著迷只是暫時的，一旦做完了這些事情，我們就會得到安寧、放鬆、快樂。事實上，這種情況卻鮮少發生。不論你是什麼大人物，或者正在做什麼大事，記住，沒有什麼事比你自己和你所愛的人的幸福和內心的安寧更重要。如果你執意要做完所有的事情，你永遠不會得到幸福。試試這些練習。

1. 工作不斷擴展，填滿了所有的時間。達到和諧的秘訣就是，用你感到舒服的方式來安排你的時間。下面有三個「待辦事項籃」。在籃內列出你今天想要完成的事情。

　　　＼私人籃／　　　＼職業籃／　　　　＼社交籃／

2. 瞭解你無法在一天之內倒空這些籃子。明天還會為每個籃子帶來新的工作。這沒有關係。在每個籃子裡圈出你今天想要出清的事項。

3. 為三個籃子各分配整段的時間。好比，從早上九點到下午五點之間，你可能想要做職業籃中的差事。然後從下午五點到晚上八點，可能可以做社交籃的事情，利用這段時間跟朋友一起共進晚餐，或者只是打幾通私人電話。然後，再安排一些時間給私人籃：讀一本書，洗個熱水澡，或者做點家事。

4. 明天，整理你的三個籃子，增加一些新事項，再把已經完成的刪除，重新列出優先順序。根據改變了的工作量來修訂每項工作的分配時段，但是不要做太劇烈的變動。保持比較一致的行程最好。過一段時日，你就會找出最適合的時段來配合你想要完成的工作。最重要的是，如果沒有達到每天的目標，千萬不要責怪自己。明天又是嶄新的一天。寫下你想完成的一個目標。

5. 如果你覺得被自己必須要做的所有事情打倒了，請做一口深呼吸，然後回答下面這些問題：
   a. 這些工作當中哪一件最緊急？
   b. 哪一件事我可以最快完成？
   c. 如果我無法完成這件工作，會有什麼後果？
   d. 如果在我度假的時候發生這件緊急事故，別人會不會處理？還是會等到我回來？

一旦回答了這些問題，你就會發現要將這些籃中的待辦事項清出籃外是輕而易舉的事，而且有許多緊急工作其實也不是真的那麼緊急。

　　掌握事情的訣竅是：註明籃中的每件事情的日期。一個月前不急的事情，如果在籃中擱得太久，可能就會變成緊急的事情了。

7

不要打斷別人的話，也不要搶別人的句子

完
全
行
動
手
冊

花點時間想一想吧。當你催促別人，打斷他們，或者完成他說的句子時，你不但必須掌握自己的思緒，還要掌握你所打斷的那個人的想法。這是徹底累人的事！這也是許多爭執發生的主因，因為幾乎人人都痛恨一件事，那就是別人不聽他們在說什麼。

　　你會打斷別人的話或說完他們的句子嗎？評估你自己的社交和職業處境。讀讀下面的陳述，根據每個陳述是否適合你，來答是或非。一定要以你目前的狀況來作答，而非你期望中的那樣。

別人的說話習慣比我慢的時候，我常常感到不耐煩。　　____
我在工作時常常忙得沒有時間停下來做友善的閒聊。　　____
我希望人們有話直說，不要拐彎抹角說個沒完。　　____
在工作時間或其他時間，我沒有耐心閒聊。　　____
當話題不吸引我的時候，我就難以注意別人。　　____

有時候，我發現自己在工作會議、家庭聚會和社交場合中
「一點也聽不進去」。 ＿＿＿
我常常發現自己打斷人的話，去澄清討論的重點。 ＿＿＿
我常常可以預料到別人要說什麼，所以就先說了。 ＿＿＿
參與討論的時候，我覺得我有責任讓它順利。 ＿＿＿
從別人的反應看來，他們大概很感激我替他們說完想要
說的話。 ＿＿＿
從別人的表情看來，他們大概很不高興我打斷了他們。 ＿＿＿

　　想一想你的反應。把任何跟你想要改變的事情有關的陳述圈
起來。為你想要改變的每一點寫幾句話。

8
為別人做件好事，但不必處處張揚

我們之中有許多人雖然經常做好事，可是總會向某個人提起自己的善行，私下尋求他們的認可。不過還有一件事情更神奇，那就是做好事，卻永遠不要向任何人提起。將這個秘密保守在自己心中，可以確保所有的美妙感受真的是來自付出行為本身！

　　想一件你為別人做過的好事。把告訴別人自己善行的優點與缺點列出來。然後再列舉保守秘密的優缺點，看看哪個方法比較適合你，為什麼。

親愛的日記：

我今天為別人做了一件好事！

事情的經過是這樣的：＿＿＿＿＿＿＿＿＿＿＿＿＿＿＿
＿＿＿＿＿＿＿＿＿＿＿＿＿＿＿＿＿＿＿＿＿＿＿

我是這麼做的：＿＿＿＿＿＿＿＿＿＿＿＿＿＿＿＿＿＿＿

＿＿＿＿＿＿＿＿＿＿＿＿＿＿＿＿＿＿＿＿＿＿＿＿＿＿＿

我把自己的善行告訴某個人／沒告訴任何人（二擇一）

＿＿＿＿＿＿＿＿＿＿＿＿＿＿＿＿＿＿＿＿＿＿＿＿＿＿＿

＿＿＿＿＿＿＿＿＿＿＿＿＿＿＿＿＿＿＿＿＿＿＿＿＿＿＿

原因是這樣的：＿＿＿＿＿＿＿＿＿＿＿＿＿＿＿＿＿＿＿＿

＿＿＿＿＿＿＿＿＿＿＿＿＿＿＿＿＿＿＿＿＿＿＿＿＿＿＿

現在我的感覺是：
有利的一面＿＿＿＿＿＿＿＿＿＿＿＿＿＿＿＿＿＿＿＿＿＿

＿＿＿＿＿＿＿＿＿＿＿＿＿＿＿＿＿＿＿＿＿＿＿＿＿＿＿

不利的一面＿＿＿＿＿＿＿＿＿＿＿＿＿＿＿＿＿＿＿＿＿＿

＿＿＿＿＿＿＿＿＿＿＿＿＿＿＿＿＿＿＿＿＿＿＿＿＿＿＿

　　檢視你的優缺點清單。哪個方法對你來說比較好——到底是告訴別人你的善行比較好，還是不說的好？為什麼？

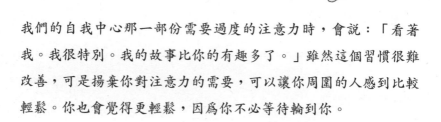

9
有時不妨
把榮耀讓給別人

我們的自我中心那一部份需要過度的注意力時，會説：「看著我。我很特別。我的故事比你的有趣多了。」雖然這個習慣很難改善，可是揚棄你對注意力的需要，可以讓你周圍的人感到比較輕鬆。你也會覺得更輕鬆，因爲你不必等待輪到你。

你可以把榮耀讓給別人嗎？完成這份問卷就知道。下面十題都各有三種描述。每一題描述都有不同的分數。請讀完三種描述，再決定哪一種比較適合你的處境，把分數寫在空格裡。

1. 當某個人描述他的美妙旅行時，我會：

____ 專心傾聽，並且熱心附和，鼓勵對方多說一些。 (3)

____ 有禮貌地聽著，可是內心知道我的旅行更好。 (2)

____ 聽了一陣子就打岔，告訴所有人我最近做過的旅行。 (1)

2. 朋友們正在討論最近的暢銷書，我會：

____ 大聲宣稱我可以寫一本更好的書。 (1)

_____熱心地分享我對那本書的看法。 (3)

_____談論我讀過的另一本書。 (2)

3. 最近結交的朋友聊起了他們高中時玩過的運動，我會：

_____解釋要跟家鄉的體育健將競爭有多困難。 (2)

_____改變話題，因爲我的體育成績向來都很差。 (1)

_____傾聽，並且分享我的經驗，來豐富這場談話。 (3)

4. 有位同事的新皮鞋受到稱讚，我會：

_____也附議說我有多喜歡它們。 (3)

_____保持沈默，因爲我眞的不喜歡它們。 (2)

_____請人家也看看我的皮鞋，因爲我覺得自己的鞋子更好。 (1)

5. 家人說起他們在假日減價時買的東西，我會：

_____誇大地說我省了多少錢。 (1)

_____問他們是否試過我所發現的廉價商店。 (2)

_____溫和地分享我的經驗。 (3)

6. 同事們聊起了剛剛上映的電影，我會：

_____興奮地參與討論。 (3)

_____告訴大家我已經看過了。 (2)

_____掃興地說出結局。 (1)

別為小事抓狂特輯

7. 父母們正在分享他們孩子的趣事，我會：

_____指出我的孩子為何比較特殊。 (2)

_____把我的孩子說得像是諾貝爾獎下一任得主，沾沾自喜。 (1)

_____形容我的孩子做過的趣事。 (3)

8. 在一個悶熱的夏夜，鄰居們正在為工作唉聲嘆氣，我會：

_____解釋我要開創自己的事業。 (2)

_____深表同情，並分享我的經驗。 (3)

_____把我的老闆形容成外星來的妖魔鬼怪。 (1)

9. 有位朋友決定要加入新流行的節食運動，我會：

_____詢問節食的方法，因為它說不定也很適合我。 (3)

_____複述最近讀過的一篇節食文章。 (2)

_____分享我的節食經驗。 (1)

10. 有位朋友跟家人鬧彆扭，告訴了我這個問題，我會：

_____誇大家人的事，好讓他的問題看起來沒那麼嚴重。 (2)

_____宣稱不曉得我的朋友遭遇了什麼事。 (1)

_____鼓勵朋友把問題說出來，並且專心傾聽和問問題。 (3)

抓狂指數記分板

21～30：你把榮耀讓給別人。

11～20：你還需要做點努力，才能把榮耀讓給別人。

1～10：你喜歡讓聚光燈照亮自己！請試著退後一步，讓別人分
享他們的成就。

別為小事抓狂特輯

10
學習活在當下

我們內心的平安，有相當大的程度取決於我們活在當下的多寡。當我們容許過去的問題和未來的憂慮主宰我們目前的時光，結果我們就變得焦慮不安、挫折沮喪、了無希望。我們也延遲了我們的滿足，我們的優先順序，以及我們的幸福，去說服自己「總有一天」會比今天更好。

你有沒有活在當下？如果沒有，請試試下面的練習。

1. 首先，明白為了要珍惜現在，我們必須先跟過去和解。把你過去做過的事或說過的話，至今依然深感懊悔的那些寫下來。包括別人刺痛你的那些言行。

研讀你清單上的項目。寫下來以後，看起來就沒有那麼恐怖了，對不對？要瞭解每一項都是過去的歷史了。今天就下定決心把這些遺憾拋到腦後。

2. 把將來令你憂慮的事情列出來。你在害怕什麼？

3. 你花了多少時間來擔心從未發生的事？想一想最近在你眼前浮現過的憂慮，試舉其一。

4. 哪一種麻煩最容易佔據你的心？請寫出適合的類別：財經、人際關係、事業、家庭、健康、其他……

　　把你有能力掌握的項目圈選出來。你圈選的可能很少，不過，這大概是因為你讓它們控制了你。

5. 現在，把你一再拖延、要等到「有一天」再做的事情列出來，不論是清理抽屜還是去旅行都可以。

　　把你今天就可以完成的項目圈選出來。

　　再看一看清單上較長期的計畫，那些你還沒有開始的，因為你怕自己無法完成的那些。你猜怎樣？你說的沒錯──如果你不開始的話，永遠無法完成。現在就是開始的時候了。

　　把清單上的長期計畫之一寫下來，然後開始進行。瞭解我們能夠控制的只有當下，可是根據同樣的道理，我們的未來也從現在開始。所以，行動吧！記住，以後你總是可以隨時改變心意。

　　你一旦擺脫了過去，又停止憂慮未來，就會發現自己活在當下了。

11
大家都開竅了，只有你還沒

想像你所遇到的每個人都非常有教養——他們都是來這兒教你什麼事的。你的功課是試著決定你在生命中遭遇到的人們，究竟要教你什麼心得。如果這麼做，你就會發現，自己變得比較不會因為他人的行為或缺陷，而感到煩惱、生氣或挫折。

　　你準備將你的認知從「他們為什麼要這麼做？」改為「他們究竟想教我什麼？」了嗎？如果是的話，就試著想一想你可以從生命中遇到的這些人身上學習到什麼，然後把它寫下來。

母親	父親	兄弟
姊妹	祖父	叔叔伯伯
表兄弟姊妹	兒女	孫子女
配偶	前任配偶	你正在交往的對象
教練	你的宗教領袖	不同信仰的宗教領袖
鄰居	老師	你以前交往過的對象
朋友（童年）	朋友（成人）	你討厭的同學

打敗過你的人	父母的朋友	醫師
商店售貨員	送貨員	警察
修理工人	電話推銷員	乞丐
老闆	政客	藝人（不必真的認識）

抓狂指數記分板

把從未出現在你生命中的那些人刪除。對你想得出來曾教了你一課人生心得的每一位，都記上一分。然後再用得分除以未刪除的人數，求出一個百分比。

50%以下：你要學的還很多。

50%～75%：你做了一些努力。

75%～90%：你的心胸開放。

90%以上：你是個優秀的傾聽者。

12
承認自己的「錯」，接受對方的「對」

許多人都相信，讓別人知道他們的立場不正確，是自己的職責所在。好好想一想。當你糾正別人，或犧牲他們來證明你自己是「對的」時，是否曾經有人向你道謝？當然沒有。人人都痛恨被人糾正。我們都希望自己的立場能夠得到別人的尊重與瞭解。人心最大的欲望之一就是能夠得到別人的傾聽。那些學會傾聽的人最受人喜愛與尊重。

你可以讓別人享有「對」的喜悅嗎？做完這份測驗就曉得。讀完每一題中的三種描述，決定哪一種最適合你的情境。然後把分數寫在空格處。

1. 有位朋友正在描述最近購買的一件家庭運動器材，我會：
____立刻解釋它為何行不通；畢竟，我只是想幫忙。 (1)
____解釋我的運動器材為何比較好。 (2)
____感興趣地傾聽，並且問相關問題。 (3)

2. 鄰居正在討論地主隊最近為何輸了一場比賽，我會：

＿＿同意他們的看法，同時也做一些建議。 (3)

＿＿大聲宣稱我的推論才是對的。 (1)

＿＿一直爭辯到我的論點贏了為止。 (2)

3. 有人挑剔我非常喜歡的一部電影，我會：

＿＿打斷他們的話，告訴他們，他們沒看懂。 (1)

＿＿理性地堅持我的觀點。 (2)

＿＿聽著，並且冷靜地思考他們的說法。 (3)

4. 我在一項計畫上不同意同事的意見，我會：

＿＿宣稱同事完全沒有根據，並且解釋原因。 (1)

＿＿用開放的心胸傾聽，並且同意同事的某些觀點。 (3)

＿＿冷靜地指出為何同事錯了，然後解釋原因。 (2)

5. 一位朋友對我們過去共同經歷的事件記憶不同，我會：

＿＿嘗試從朋友的角度來看這個故事。 (3)

＿＿說他完全記錯了；事情的經過不是這樣的。 (1)

＿＿指出為什麼我的版本可能比較正確。 (2)

6. 有位親友聽說有一種新型的感冒藥，我會：

＿＿根本不聽；我的藥對我最有效。 (1)

＿＿假裝聽進去了，可是曉得自己不會嘗試。 (2)

___用開放的心胸傾聽，因為我可能會學到什麼。 (3)

7. 同事有個意見，但跟我即將要提出的計畫相抵觸，我會：

___採納同事的意見，重新評估我的計畫。 (3)

___考慮了同事的意見，可是仍然堅持自己的看法。 (2)

___告訴每個人，我的意見比同事的更好。 (1)

8. 朋友正在跟我討論有史以來最偉大的小說，我會：

___客觀地聽著，並且問我朋友選的是哪些。 (3)

___大聲推銷我的看法。 (2)

___聽到朋友的蠢見，只好搖頭嘆息，但未提出自己的看法。

　　(1)

9. 新同事對如何跟難以取悅的老闆相處提出一個辦法，我會：

___隨便聽聽，但是大概不會採納他的建議。 (2)

___不聽——畢竟，我跟老闆相處的經驗更多。 (1)

___客觀地聽著，心想新人可能會有新方法。 (3)

10. 朋友談起電視剛播映過的一部野生動物紀錄片，我會：

___鼓勵朋友多告訴我一些。 (3)

___聽著，然後解釋我曉得這個話題。 (2)

___抱怨這部紀錄片聽起來好像虛構的。 (1)

抓狂指數記分板

21～30：你傾向於讓別人「對」。

11～20：對一半！在你說出你的想法之前，請試著多聽一些。

1～10：你以為你多半都是對的。練習打開你的心，聽看看別人
要說什麼——你可能會發現，有時候他們也是對的。

13
變得更有耐心

耐心的品質，對你要創造一個更慈祥、更親切的自我，有長遠的影響。要變得有耐心包括：向此刻打開你的心，即使你不喜歡也要做到。耐心也牽涉到，在他人身上看見純真的動機，為你的生活增加輕鬆和接納的一面。

　　你有耐心嗎？回答這份問卷就知道。四個答案中**從未**是0分；**有時候**是1分；**常常**是2分；**總是**是3分。

1. 開車的時候，我會在車陣中穿梭。　　　　　＿＿＿

2. 塞車的時候，我會破口大罵。　　　　　　　＿＿＿

3. 當我要搭的火車誤點時，我會在月台上踱來踱去。＿＿＿

4. 我搭乘的火車或飛機誤點，我會一直查看手錶。＿＿＿

5. 跟我相約要見面的人遲到了，我就會生氣。　＿＿＿

6. 約會遲到時，我就很焦慮。　　　　　　　　＿＿＿

7. 會議延後開始時，我都會生氣。　　　　　　＿＿＿

8. 當我想解釋一件事情，別人聽不懂時，我就生氣。＿＿＿

9. 當別人吃了我留給自己的那一份時，我會生氣。＿＿＿

10. 記不住某件事情時，我會生自己的氣。　　____

11. 但願我的事業進展得更快一點。　　____

12. 工作的時候有人打斷我，我會覺得被打擾了。　　____

13. 有人在我看電視時叫我，我會不高興。　　____

14. 我受不了愚蠢的問題。　　____

15. 我受不了人們溫柔地說話。　　____

16. 我受不了人們說話說得很慢。　　____

17. 我受不了人們自以為是糾正我，其實他們是錯的。　　____

18. 我討厭排隊。　　____

19. 我討厭明明排的是最短的隊，結果卻等最久。　　____

20. 打電話遇到要稍候的時候，我都會掛斷。　　____

21. 服務人員如果來遲了，我就會火冒三丈。　　____

22. 如果事情比我預期得還要久，我就會感到焦慮。　　____

23. 我覺得要花很長時間的事情不值得做。　　____

24. 我等不及要看接下來會發生什麼事。　　____

25. 我會忍不住說出秘密。　　____

抓狂指數記分板

60以上：你最好立刻量血壓。

40～59：你可能需要減輕壓力。

25～39：你相當放鬆。

13～24：你真的很放鬆。

12以下：你很接近聖人了。

14 創造
「耐心練習週期」

耐心是心的一種性質，可以藉由蓄意的練習而大幅提昇。不論你是需要跟孩子、上司、或一個不可理喻的人、還是情勢打交道，如果不想「為小事抓狂」，改進你的耐心功力，是一個最佳辦法，現在就開始吧。

　　磨練耐心的一個有效方法，就是創造真正的練習週期，也就是在心中設定練習耐心藝術的時間週期。試試下面這些：

1. 你多有耐心？勾出符合你的部份：

____我容易超速。

____我曾經把我想不出用法的工具或裝備砸掉或丟掉。

____我討厭排隊，即使隊伍不長也一樣。

____我從來不讀說明書。

____打電話時，碰到語音服務要我按一大堆按鈕，我就火大。

____我通常覺得要我解釋某件事的人，問的是愚蠢的問題。

____在購物中心裡，人們走得太慢，會擋到我的路。

如果你勾出了一半以上，你還需要磨練得更有耐心一點，對自己和別人都是如此。

2. 列舉出你對別人失去耐心的次數。當時是怎樣的情況？

3. 你多常失去耐心？你如何表達你的不耐煩？

4. 你是對陌生人還是熟人比較沒有耐心？

5. 想像你處在第2題所列出的情境中，不過這次你不會失去耐心。寫下你的感覺有什麼不同，其他人的反應又是如何？

6. 想像自己在超市中排長隊。列出你能做的事來磨練耐心。

7. 想像你正在專心工作，然後有人打斷了你。列出一些你可以做的事情，來保持沈著，維持耐心。

8. 想像自己坐在車子裡。車陣緩慢前進，開車不能大意。列出你所能做的事情，以便維持禮貌，保持耐心。

重點提示

如果你發現自己失去耐心，就停下工作，走開幾分鐘再回來。

15

做第一位付出愛心
或伸出援手的人

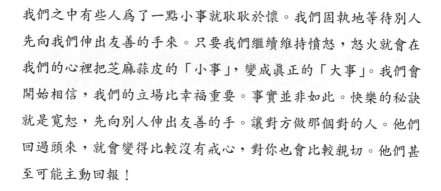

我們之中有些人為了一點小事就耿耿於懷。我們固執地等待別人先向我們伸出友善的手來。只要我們繼續維持憤怒，怒火就會在我們的心裡把芝麻蒜皮的「小事」，變成真正的「大事」。我們會開始相信，我們的立場比幸福重要。事實並非如此。快樂的祕訣就是寬恕，先向別人伸出友善的手。讓對方做那個對的人。他們回過頭來，就會變得比較沒有戒心，對你也會比較親切。他們甚至可能主動回報！

　　你很頑固或很害怕先伸出友善的手嗎？完成這份問卷就知道。讀完每題的三種描述，再決定哪一種比較符合你的情況。

1.

＿＿我從來不寄節日賀卡，除非我先收到對方寄來的。 (1)

＿＿有時候不等別人寄來，我就會先寄出。 (2)

＿＿不論別人會不會寄卡片來，我都會寄給每個人。 (3)

2.

＿＿＿我絕對不會跟一個離婚朋友的前任伴侶聯絡。 (1)

＿＿＿我會跟離婚朋友的前任伴侶聯絡。 (3)

＿＿＿我可能會跟離婚朋友的前任伴侶聯絡。 (2)

3.

＿＿＿我可以原諒最要好的朋友跟我的前任男友或女友約會，但是
我絕對不會忘記這件事。 (2)

＿＿＿我絕不原諒最要好的朋友跟我的前任男友或女友約會。 (1)

＿＿＿我會原諒最要好的朋友跟前任男友或女友約會。 (3)

4.

＿＿＿我可能會邀請一個朋友來參加我的派對，雖然對方從來不曾
邀請我去參加他們的派對。 (2)

＿＿＿我會邀請一個朋友來參加我的派對，雖然對方從來不曾邀請
我去參加他們的派對——他們大概有他們的理由。 (3)

＿＿＿如果朋友沒有請我去參加派對，我也不會邀請他。 (1)

5.

＿＿＿我會為了開會時的爭執向同事道歉。 (3)

＿＿＿我絕對不會為了開會時的爭執向同事道歉。 (1)

＿＿＿我可能會為了開會時的爭執向同事道歉。 (2)

6.

_____如果朋友太忙忘了回電話，我可能會再打去。 (2)

_____如果朋友太忙忘了回電話，我絕不會再打去。 (1)

_____如果朋友太忙忘了回電話，我鐵定會再打去。 (3)

7.

_____如果另一半跟我吵架，不論誰是誰非，我一定會道歉。 (3)

_____如果另一半跟我吵架，我可能會道歉；但要看原因。 (2)

_____如果另一半跟我吵架，不論誰是誰非，我絕不會道歉。 (1)

8.

_____我永遠無法原諒一個公開讓我難堪的人。 (1)

_____只要對方不是有心要讓我難堪，我會說沒關係。 (3)

_____我可能會原諒讓我難堪的人，全看情況而定。 (2)

9.

_____如果我最要好的朋友安排了一次糟糕的相親，我可能有一陣子不打電話給他。 (2)

_____如果我最要好的朋友安排了一次糟糕的相親，我會立刻打電話大笑他一番。 (3)

_____如果我最要好的朋友安排了一次糟糕的相親，我永遠不會再打電話給他。 (1)

10.

＿＿即使朋友取消我們的約會，我也會打電話去問新約會的狀況。 (3)

＿＿即使朋友取消我們的約會，我還是可能打電話去問新約會的狀況。 (2)

＿＿如果朋友取消我們的約會，我絕不會打電話去問新約會的狀況。 (1)

抓狂指數記分板

21～30：你通常都用愛心先伸出友善的手。

11～20：努力一點去伸長那枝象徵和平的橄欖枝。

1～10：你很難遺忘陳舊的傷口。請主動打電話給很久沒說過話的人。看看你的感覺有多棒！

16

請問自己：
「一年後你還會
在乎這件事情嗎？」

假想你目前所面對的情況，不是現在正在發生的事，而是一年以後的事。然後再問自己：「這個情況真的有我所想的那麼嚴重嗎？」目前可能是如此，可是將時間拉遠開來看時，就不是這麼回事了。這個簡單的遊戲雖然無法解決你的問題，卻可以讓你把眼光放遠。

你是不是經常浪費一大堆精力，為一年後不足掛齒的小事生氣跺腳？如果是的話，就試試下面的練習。

1. 勾出符合的部份：

我記得起來──

____昨天午餐吃什麼。

____上星期一我穿什麼衣服。

____我看的上一部電影是什麼。

＿＿我上一次與人爭執是為了什麼事。

＿＿上次讓我感到十分痛苦的感冒。

＿＿上次我買貴了什麼東西。

＿＿上次我在大眾面前出糗的事。

＿＿上次我犯了一次代價很高的錯誤。

2. 在當時，你花了多少工夫去做決定，或者擔心上述的情況？他們現在對你來說還有幾分重要性？

3. 列出去年在工作、家庭、人際關係等三方面教你感到煩惱的情形，並列出每種情況的長期效果。你是否看得出來曾經堵住心頭的問題，現在似乎沒有那麼惱人了？

4. 列出你目前面臨的煩惱，再想像一年以後會是何等光景。

17

接受生命
不公的事實

接受生命不公的事實有一個好處，就是讓我們不要再為自己抱
屈，反而鼓勵我們竭盡所能去努力。它也讓我們不要替他人難
過，因為它提醒我們，每個人都有自己的遭遇，也都有自己的特
殊力量與挑戰。

你是否常常發現自己又在思索世界的不公？下面的是非題將
會幫助你找出問題所在。

有些人比別人「幸運」。　　　　　　　　　　　　　　　　____
跟別人比較生命中的運氣是人性。　　　　　　　　　　　　____
即使遭遇重大損失和悲劇的人也可以快樂起來。　　　　　　____
即使有錢、有名聲、有特權的人也會痛苦。　　　　　　　　____
一個人的世界觀是他的最大資產。　　　　　　　　　　　　____
人人都有能力改變他對世界所抱持的態度。　　　　　　　　____
不論環境好壞，生活對每個人來說都是辛苦的。　　　　　　____
儘管生命不公，人人都擁有同等的快樂機會。　　　　　　　____

想多要一點是人性。　　　　　　　　　　　　——

這個世界總是在找我的麻煩。　　　　　　　　——

接下來問你自己：

1. 請列舉出十項你覺得生命有幸給你的事物。

2. 請列舉十件你希望不必在生活中面對，就能補償的事。

3. 寫下你認為有誰遭到生命的不公平待遇。你欣賞這個人甚麼
地方呢？

4. 寫下你認為有誰過著一個特別「美麗」的人生。你願意跟他
交換生活嗎？請列出願意或不願意的理由。

別
為
小
事
抓
狂
特
輯

18
容許自己感到無聊

許多人幾乎不可能安靜地坐下來，什麼事也不做，更別說休息幾分鐘了。可是偶爾無聊一下真的有好處！容許自己無聊一下，即使是一小時或更短的時間，無聊感就會被心平氣和取代。啥事也不做的美妙之處，就是可教你淨空心靈和放鬆。你的心靈就像身體，偶爾也需要在忙碌的例行工作中休息一下。

你容許自己感到無聊嗎？填完這份問卷就曉得。讀完三種描述，再決定哪一種比較適合你的情況。然後把分數填在空格處。

1. 看電視的時候，我會：
____總是在廣告時間換頻道。 (2)
____在廣告時間玩猜字遊戲。 (1)
____在廣告時間讓我的心靈去流浪。 (3)

2. 在我去開會前還有幾分鐘空閒，我會：
____淨空我的心，試著變得完全冷靜和放鬆。 (3)
____瀏覽一遍筆記，確保沒有遺漏任何事。 (2)

＿＿＿試著同時做十二件事！(1)

3. 在機場候機時，我會：

＿＿＿開始看一本新書。(2)

＿＿＿在飛行前閉目養神。(3)

＿＿＿想一遍我到達目的地以後所要做的每一件事。(1)

4. 在客人抵達我的宴會前，還有幾分鐘時間，我會：

＿＿＿趕著洗一大堆衣服。(1)

＿＿＿檢查一遍，確認一切都準備妥當了。(2)

＿＿＿放鬆，做一次深呼吸。(3)

5. 最好的朋友突然取消了我們星期五晚上的計畫，我會：

＿＿＿立刻打電話給我認識的每個人，找別的事做。(1)

＿＿＿決定去租我一直想看的錄影帶。(2)

＿＿＿洗個泡泡澡。(3)

6. 由於下雨，我要看的棒球賽延期了，我會：

＿＿＿決定趁這個機會去看看那家新開張的運動中心。(1)

＿＿＿坐在搖椅上休息。(3)

＿＿＿瀏覽電視頻道，看一看有沒有別的節目可看。(2)

7. 醫生的看診時間延遲了，我會：

_____先離開一下再回來；我還有別的事要辦。 (1)

_____在候診室翻閱雜誌。 (2)

_____享受多出來的幾分鐘空檔，啥事也不做。 (3)

8. 我已經整理好房子，我會：

_____覺得還需要再收拾一下。 (2)

_____悠閒地啜一杯茶。 (3)

_____思索晚餐要煮什麼。 (1)

9. 有位同事需要取消午餐約會，我會：

_____關上辦公室的門，休息一會兒。 (3)

_____試著趕一點工作進度。 (1)

_____打電話找別人出去吃飯。 (2)

10. 我的通車同伴因為交通阻塞遲到了，我會：

_____趁機閱讀早報。 (2)

_____搶先做點事。 (1)

_____再喝一杯咖啡。 (3)

抓狂指數記分板

21～30：你可以容許自己感到無聊。

11～20：有時候你可以放鬆，有時候你很焦慮。

1～10：你難以放鬆。請試著讓自己感到無聊，不要把時間填滿。

19

降低你對
壓力的容忍度

看看你的周圍，你可以注意到，通常說「我可以應付很多壓力」的人，總是承受了一大堆壓力！通常，要喚醒一個壓力過重的人看見自己的瘋狂，都需要出現某種危機。你應該做的是，在失控前早一點開始注意你的壓力。

　　你想降低你對壓力的容忍度嗎？做這項壓力測驗，看看你的問題出在哪裡。**從未**是0分，**有時候**是1分，**常常**是2分，**總是**是3分。然後再回頭檢查得2分或3分的那幾題。試著在這些方面找出策略來降低你對壓力的容忍度。

1. 我希望可以比現在做更多工作。　　　　　　　　　　　＿＿＿

2. 我希望我可以睡得少一點。　　　　　　　　　　　　　＿＿＿

3. 為了吃飯必須停下手邊的工作實在是個累贅。　　　　　＿＿＿

4. 我沒有時間做我想做的每件事。　　　　　　　　　　　＿＿＿

5. 有太多事要做，我不曉得應該從哪一件開始。　　　　　＿＿＿

6. 要為家人和朋友撥出時間越來越難了。　　　　　　　　＿＿＿

7. 我有空的時候，想到的只有工作。　　　————

8. 我無法放鬆。　　　————

9. 我必須想個法子多賺點錢，而且要快。　　　————

10. 人們對我的期望過高。　　　————

11. 我不曉得要如何達到目標。　　　————

12. 我希望自己可以比現在做得更好。　　　————

13. 我很擔心自己的前途。　　　————

14. 我有太多問題了，真不知如何是好。　　　————

15. 我希望可以解決我所有的問題。　　　————

16. 我希望我曉得這一生是要用來做什麼的。　　　————

　　　下面的壓力警告跡象中有哪些是你經歷過的？請在上面做記號。當你感覺到其中一個壓力跡象，就請多加留意。想一想怎樣可以改變你的行為，並寫下來。

經常頭痛	胃痛	肌肉緊張或痙攣
汗流浹背	過敏	心跳過快或怦怦跳
經常生病	失眠	缺乏注意力
焦慮	低潮	覺得困窘不安
過動	常常動怒	迷糊或健忘
疲乏	體重改變	沈迷或不由自主的行為
擔憂或害怕	依賴藥物（包括菸酒）	

20
一週寫一封眞心誠意的信

你的生命中大概有很多人值得你寫一封友善、眞心誠意的信給他們。要你寫信的目的很簡單：表達愛與感激。寫一封這樣的短函寄出去，不但可以讓你把焦點專注在生命中美好的一面上，收信的人也會得到同樣的感動與感激。

　　想像一位你想寫信給他的對象。然後在下面寫一封練習信。你一定會很高興你做了這件事！

親愛的 ＿＿＿＿＿＿＿＿＿＿＿：

　　今天早晨醒來，想到我的生命中擁有像你這樣的人，真是何其幸運……
十分感激有你做我的朋友。我真是一個有福氣的人，也祝福你

╳╳╳上

21
想像參加自己葬禮

回顧自己的一生時，幾乎人人都希望這一輩子的優先順序能夠換個樣子。除了少數例外，人人都希望這輩子可以少「為小事抓狂」。相反的，他們希望可以多花一點時間，陪自己真心所愛的人，做自己喜歡做的活動。

想像參加自己的葬禮，可以讓你在活著的時候，提早回顧自己的一生，在還有機會補救的時候做一些重要的改變。思考自己的死亡過程，也可以反省自己的生活。回答這些問題可以幫助你得到頓悟。

1. 除了終老以外，想像你可能死於什麼原因，哪些原因可能會害死你。

2. 想像自己漂浮在墓地上空，俯視參加你的葬禮的人們。有沒有任何老朋友、同事、或親人是你失去聯絡的，有沒有哪些你在世的時候想見的人。寫下你想跟哪些人說話。

3. 如果你可以聽見人們心底的想法，他們會如何看待你？把他們的想法寫在他們的姓名旁。

4. 關心你的每個人都出席了你的葬禮。如果你可以留給他們一個想法，會是什麼？請寫下來。

5. 假設你最大的敵人在你的葬禮上出現。如果可以的話，你會留給他什麼想法？請寫下來。

6. 列出留下來或未完成會讓你感到遺憾的事物。

7. 列出你最珍惜的成就。

8. 你想人們最懷念你的是什麼？

9. 把你的頌辭寫下來。

別為小事抓狂特輯

22

向自己複誦：
「生命不是一椿緊急事故。」

生命不是一椿緊急事故，雖然大部份人的信念並非如此。我們把目標看得太嚴肅了，忘了沿途找樂趣，也忘了讓自己放鬆一下。即使沒有按照原訂計畫進行，生命依然繼續。不斷複誦這句話來提醒自己是有用的：「生命不是一椿緊急事故。」

你很容易小題大作嗎？完成這項測驗就知道。讀完三種描述，看看哪一種比較適合你的情況，然後把分數填在空格處。

1.

____塞在車陣中是發生在我身上最糟糕的一件事。 (1)

____有時候塞在車陣中，真的讓我感到生氣。 (2)

____我對塞車無能為力，所以不讓它困擾我。 (3)

2.

____我一定會按時把圖書館的書讀完，以便準時歸還。 (1)

____如果我沒有按時把書讀完也沒關係；我可以再借。 (3)

_____我通常都會在到期前試著把借出來的書讀完。 (2)

3.

_____如果我覺得要做的事太多，偶爾會感到恐慌。 (2)

_____即使有太多事要做，我也從未恐慌；事情總會做完。 (3)

_____如果有太多事要做，我總會恐慌；事情永遠做不完。 (1)

4.

_____我很少擔心繳稅期限的到來；我可以申請延期。 (3)

_____有時我會擔心又要繳稅款了。 (2)

_____我總是擔心繳稅期限的來臨；感覺好像是世界末日。 (1)

5. 要是洗衣機壞了，我會：

_____感到無比挫折，不曉得如何是好。 (1)

_____打電話給修理工人，找別的事情做。 (3)

_____把髒衣服帶去自助洗衣店清洗。 (2)

6. 如果我的另一半不期然帶同事回家吃晚飯，我會：

_____多擺一副碗筷。 (3)

_____笑一笑，但告訴另一半，沒先打個電話實在太不體貼。 (2)

_____離開，讓另一半自己做晚飯。 (1)

7. 帶寵物去看獸醫，意味著我必須延後完成工作，我會：

_____極度火大，心想永遠無法完成這項工作。 (1)

_____安排其他時間，以便完成工作。 (2)

_____不擔心；等我有空時事情就會做完。 (3)

8. 我再次發現自己在最後一刻購買假期禮物，我會：

_____生自己的氣，但還是勉強前往購物中心。 (2)

_____聳聳肩，準備帶著假期心情前往購物中心 (3)

_____感到恐慌，我痛恨在假期間上購物中心。(1)

9. 我的姻親剛剛突然從機場打電話來，而我的另一半已經出發去接他們，我會：

_____在屋內跑上跑下，急急忙忙收拾打掃。 (1)

_____動手收拾屋子，真希望他們可以早點打電話來。 (2)

_____能收拾多少算多少。 (3)

10. 我每天只有一小時的時間可以做私事，我會：

_____把私事分配在一週內做。 (3)

_____嘗試同時做每件事。 (1)

_____常常抱怨時間不夠用，但總是可以把事情做完。 (2)

抓狂指數記分板

21～30：你瞭解我們每天面對的問題只是生活中的一部份而已。

11～20：更努力一點去重新評估那些「緊急事故」，讓它們變得
比較不重要。

1～10：你很容易把每件事都看成緊急事故。請嘗試重新評估你
生活中的每件事。

別為小事抓狂特輯

23

實驗你的心靈
燜燒鍋

使用燜燒鍋的好處是，當你此刻忙著做別的事情時，可以讓心靈自己去解決問題。我們交給心靈燜燒鍋的念頭，要燉夠火候才行。輕輕地把問題放在心上，不要主動去分析它，這個簡單的技巧可以大大減輕你生活中的壓力與努力。

　　你有沒有使用心靈燜燒鍋去解決問題？如果沒有，試試下面這項練習：

1. 用一個句子寫下你正想要解決或練習的事。把它寫成一個目標，而非一個問題。一定要使用很多積極的字眼。

2. 把你想放進心靈燜燒鍋的材料列出來，那些可以幫助你達成目標的想法。這是一張腦力激盪的清單，就是你明確陳述問題時，可能浮現在腦海中的想法。有些材料起初可能沒什麼道理，不過還是列出來。你的心靈燜燒鍋自有辦法建立聯繫！

3. 列一張跟你想解決的議題有關的更周詳清單。好比，解決這個議題跟別人有什麼關係？對你有什麼幫助？你找到答案又可以達成什麼？

4. 你的心靈燜燒鍋運作的最佳時機，就是當你的心正在忙別的事情時。在你開始看一本新書或要去聽音樂會、看戲劇或電影前，看一遍你上面所寫的清單。當你的意識專注時，你的心靈燜燒鍋也在慢慢燉。上床前也要記得閱讀你的句子和清單。

5. 把這個寫成句子的問題寫在一張三乘五吋的卡片上，以便隨身攜帶，整天都可以隨時看一遍。

　　當你用其他想要實現的挑戰來重複這項心靈燜燒鍋練習時，你會發現這些步驟已經自動設定好了。最後你只需要寫下你希望回答的問題，其他步驟都會在你的腦中完成。

別為小事抓狂特輯

24
每天花一點時間
想想應該感謝誰

你生命中大概有很多人可以感謝：朋友、家人、過去歲月中的老友、老師、同事，還有其他不計其數的人。想個應該感謝的人，來開始你的每一天。這項練習提醒你，把焦點放在人生的光明面上。如果你在早晨醒來的時候心存感激，除了平安，你實在很難有別的感受。

你有沒有每天花點時間想過感謝某人？如果沒有，就先從這三十九個可以心存感激的理由開始做吧。

1. 誰在我跌倒的時候幫助我？
2. 誰在我害怕的時候支持我？
3. 誰為我撐傘？
4. 誰給我一杯熱巧克力取暖？
5. 誰在我生病的時候熬夜照顧我？
6. 誰讓我上學不致遲到？
7. 誰介紹我最喜歡的書？

8. 誰介紹我最喜歡的電影？

9. 誰容許我熬夜看一齣電視特別節目？

10. 誰帶我去看平生第一次馬戲團表演？

11. 誰在我學開車的時候沒有對我大吼大叫？

12. 誰看重我的感覺？

13. 誰給了我最想要的禮物？

14. 誰大老遠跑來看我？

15. 誰記得我的生日？

16. 誰在多年以後重續友誼？

17. 誰送回我遺失的皮夾？

18. 誰陪我念書一整夜？

19. 誰幫助我醒酒？

20. 誰介紹我認識了今生的愛人？

21. 誰幫助我度過傷心時刻？

22. 誰在我最需要朋友的時候，對我很親切？

23. 誰遊說我放棄不當的投資？

24. 誰幫助我停下來欣賞玫瑰的芳香？

25. 誰教我如何接住一顆棒球？

26. 誰教我跳舞？

27. 誰教我打領結？

28. 誰告訴我「性」的實情？

29. 誰讓我不致出醜？

30. 誰在我出醜的時候沒有嘲笑我？

別為小事抓狂特輯

31. 誰教我如何種樹籽？

32. 誰給我好的建議？

33. 誰在我需要的時候借錢給我？

34. 誰帶我去戶外看星星？

35. 誰幫助我學會游泳？

36. 誰為我開一次驚喜宴會？

37. 誰陪我練習劇本的台詞？

38. 誰為我按摩酸痛的肩膀？

39. 誰為我烤餅乾？

完
全
行
動
手
冊

25

給陌生人一個微笑，凝視他們的眼睛，說聲哈囉

你有沒有注意過，我們大部份人跟陌生人目光交接的次數少之又少？這是為什麼？是我們怕他們嗎？究竟是什麼事讓我們不願向陌生人敞開心門呢？其實，我們對陌生人的態度，通常跟我們的整體幸福程度，息息相關。

完成這份問卷，就曉得你對待陌生人，或許還有對待你自己的態度為何。把下面適合你情況的字眼圈選出來。

1. 如果有需要，我會向陌生人求助。

　　從未　　　　鮮少　　　　有時候　　　　經常　　　　總是

2. 當陌生人攔下我時，起初我會起疑。

　　從未　　　　鮮少　　　　有時候　　　　經常　　　　總是

3. 人們覺得我很友善。

從未　　　鮮少　　　有時候　　　經常　　　總是

4. 只要有機會，大部份人都會很友善。

從未　　　鮮少　　　有時候　　　經常　　　總是

5. 大部份人都不喜歡跟陌生人接觸。

從未　　　鮮少　　　有時候　　　經常　　　總是

6. 當陌生人攔阻我時，起初我會痛恨他的打擾。

從未　　　鮮少　　　有時候　　　經常　　　總是

7. 幫助過陌生人後，我感覺很好。

從未　　　鮮少　　　有時候　　　經常　　　總是

8. 看到陌生人需要幫忙時，我會主動插手。

從未　　　鮮少　　　有時候　　　經常　　　總是

9. 陌生人主動幫助我時，我會感到尷尬。

從未　　　鮮少　　　有時候　　　經常　　　總是

10. 我嘗試幫助陌生人時，曾經被佔過便宜。

從未　　　鮮少　　　有時候　　　經常　　　總是

11. 我會主動跟店員和服務生交談。

　　　從未　　　鮮少　　　有時候　　　經常　　　　總是

12. 頻繁的目光接觸讓我感到不舒服。

　　　從未　　　鮮少　　　有時候　　　經常　　　　總是

13. 我發現要主動開始目光接觸很難。

　　　從未　　　鮮少　　　有時候　　　經常　　　　總是

14. 我喜歡人們注視我的眼睛。

　　　從未　　　鮮少　　　有時候　　　經常　　　　總是

15. 跟朋友比起來，我很害羞。

　　　從未　　　鮮少　　　有時候　　　經常　　　　總是

接下來問你自己：

　1. 寫一個句子描述你希望如何改變你對待陌生人的態度。從「我決心……」開始。

　2. 改變對待陌生人的態度對你有什麼好處，請列出來。

　3. 列出心中阻止你用你想要的方式對待陌生人的障礙。

別為小事抓狂特輯

4. 在上一題列出的障礙清單中，把那些你認為是根據經驗而導致的障礙圈選出來。你想這些態度是從哪裡來的？請下定決心把這些想法拋到腦後。

26

每天安排一段
安靜的時光

一個人獨處，有時間可以思考、工作或是享受寧靜，給人一種平安的感覺，可以恢復精神。不論是打坐十分鐘，或是練瑜伽，在大自然中享受片刻寧靜，還是鎖上浴室的門，泡十分鐘熱水澡，安靜的時光是生活中重要的一部份。

你是否每天為自己安排一段安靜的時光？如果沒有，請考慮下面的練習。

1. 想一想一天之中你最喜歡的時刻。你如何運用這段時光？

2. 想一想你最喜歡的活動。至少列出十幾件你想做的事。圈選出那些可以調解日常生活的喧囂與混亂的部份。

3. 想一想你如何消磨時光。列出每天的主要事件。你給每一件多少時間？

4. 想一想剩下的時間。畫一個圓圈把它分成六份：朋友、家庭、工作、娛樂、睡眠、安靜時光。你的大餅不會平均劃分！而你要把哪一塊留給安靜時光呢？

5. 現在想一想你自己的壞習慣。你是否浪費了創造內心安寧的時光？下決心改變這一點。建立你自己的五點計畫：

選一段時間。

選一個地方。

選一件你想要在全然獨處時做的事。

找一個方法去做它。

跟自己訂個約會——同一時間，同一地點，每天都要！

27

把你生命中的人
想像成小嬰兒和百歲人瑞

想想看有誰真的惹惱了你，教你勃然大怒的。然後，閉上雙眼，把這個人想像成小嬰兒。現在，再把時鐘向前撥快一百年。把這個人想像成一位行將就木的老人家。曉得我們每個人，不論在哪個人生階段，都會犯錯，也曾經犯過錯誤，這個技巧，能提供你所需要的心理平衡與同情心。

　　你可以把生命中的人想像成小嬰兒和百歲人瑞嗎？如果不行，那就試試以下簡單的練習。

1. 想想看哪個人惹惱了你，教你勃然大怒的。想像那個人現在的樣子，並形容出來。

2. 想像他讓你勃然大怒的特定事件。列出那個人最讓你感到困擾的特質。

3. 現在讓時鐘向後倒退幾十年。把這人想像成一個小嬰兒。形

容出那模樣。

4. 想一想讓嬰兒特別脆弱的特質，並列舉出來（記住，你的對手是那個小嬰兒！）

5. 現在把時鐘向前撥快幾十年。把同一個人想像成行將就木的老年人。請形容其模樣。

6. 想一想老年人之所以格外脆弱的特質，把這些特質寫下來。（牢記你現在的仇人是個百歲人瑞！）

7. 你對這個人的新領悟是否幫助你激發更大的同情心？為什麼？

8. 想一想下次遇到挫折或惱怒的行為時，如何將這項策略付諸實行。你會怎麼用，用在誰身上，請舉出十個例子。

28
先了解別人，再說

當你瞭解對方來自何方，他們想說什麼，他們看重的又是什麼時，你自然就能得到對方的瞭解；一切得來全不費工夫。不過，當這個過程反過來時，那簡直就是把馬車放在馬的前面，難上加難了。先去瞭解對方跟對錯無關；這是有效溝通的哲學。

你有多開放的心胸去瞭解別人？完成這份問卷就曉得。請針對每個問題回答**是**、**有時候**、或**不**。

1. 我相信比我年輕的人的談話沒有什麼是我要聽的。
2. 我相信比我年長的人的談話沒有什麼是我要聽的。
3. 在聚會中，我刻意迴避外表跟我不同的人。
4. 在聚會中，我刻意迴避我覺得外表不吸引人的人。
5. 在聚會中，我刻意迴避穿著沒有品味的人。
6. 我避免去聽那些說話習慣教我不悅的人說話。
7. 我避免跟那些聲音讓我不舒服的人說話。
8. 我避免去見那些跟我不同人種的人。

9. 跟我不同行的人根本不可能瞭解我的工作，也不可能說出什麼有價值的話。

10. 我寧可跟住在附近的人說話。

11. 我寧可跟有錢人說話。

12. 跟剛剛認識的人說話時，我不會問太多問題。

13. 跟剛剛認識的人說話時，我寧可先說說我自己。

14. 如果我是某方面的專家，我就無法向業餘者學會什麼。

15. 我無法向一個沒有實踐信仰的人學到宗教心得。

16. 沒有跟我分享過任何經驗的人，不可能說出啟發性的話。

17. 如果有人述說了一個跟我的經驗相似的故事，我會等不及說出我自己的故事。

18. 如果有人打斷我，我會動怒。

19. 在聚會中，我喜歡主導談話，做注意力的中心。

20. 我的意見比任何人的重要。

21. 在工作上，讓每個人曉得我的立場是很重要的。

22. 我常常在一個人開口前就曉得他要說些什麼。

23. 在工作上做報告時，寧可沒人跟我唱反調。

24. 交給某個人任務時，我總是喜歡對方用我的方式來做。

25. 給別人機會去為一件很明顯的事情提供不同的解釋，似乎是白白浪費時間。

26. 傾聽政治觀點對立的人說話是沒有意義的。

27. 當某個人說了一件我曉得是錯誤的事，我會打岔糾正他。

28. 當某個人說出跟我不同的觀點時，我會試著讓對方閉嘴。

29. 當人人似乎都曉得主講人在說些什麼時，假裝聽得懂還是比冒險問問題出醜來得好。

30. 假裝曉得那個人對某項議題的立場，比冒險出醜問他好。

抓狂指數記分板

回答**是**或**有時候**的次數越多，你就越需要尋求瞭解。

29
做一個
體貼的傾聽者

你是否以傾聽對方的完整想法為滿足，不會不耐煩地等待輪到自己發言？如果是的話，那麼你就是一位很好的傾聽者。

自我檢查以下的傾聽技巧。這些是非題可以幫助你找出自己的問題所在。

1. 我不善於遵循口頭的旅行指示。 ____

2. 在回答別人對我說的話以前，我會先用自己的話語重複一遍對方說過的話。 ____

3. 我一聽到人們的名字後，幾乎立刻就忘記了。 ____

4. 大部份人都把反應緩慢當作思考遲緩。 ____

5. 打電話時我會亂畫或感到忐忑不安。 ____

6. 談話時，我會問很多問題。 ____

7. 有人在跟我說話時，我會在他們說完之前，就先在心裡準備答覆。 ____

接下來問你自己：

1. 想一想你所知道的最佳傾聽者。把他成為一個好傾聽者的特質列出來。再把你跟這個人共有的特質圈起來，並努力去改善你沒有圈選的那些特質。

2. 想一想你所認識的最差勁的傾聽者。把這個人聽不進你話的行為列舉出來。再圈出你跟這個人共有的特質。並努力從你自己的傾聽中將這些習慣消除。

3. 寫出較好的傾聽技巧將如何在工作、感情、人際關係各方面幫助你。

30
選對你要打的仗

明智地選擇你的戰鬥，是父母間流行的一句名言；想要過知足常樂的生活，這句話也同樣重要。它暗示：人生充滿了機會，可以選擇小題大作，也可以一笑置之，不必在意。如果你明智地選擇你的戰鬥，在真正重要的時刻，就會贏得比較有效率。

你是否「選對你要打的仗」？完成這項問卷就知道。每題共有三組陳述。讀完三組陳述，再決定哪一組比較適合你。然後把分數寫在空格處。

1.

____我經常跟朋友爭論要上哪一家餐館或電影院。 (1)

____我有時候會跟朋友爭論要上哪一家餐館或電影院。 (2)

____晚上出門對我來說鮮少成為爭執的來源。 (3)

2. 當鄰居喧囂吵鬧時，我會：

____不理它。 (3)

____客氣地請他們小聲一點。 (2)

____打電話給警察。 (1)

3.

____我總是在意別人的錯誤，不論錯誤有多小。 (1)

____我有時會在意小錯誤。 (2)

____我鮮少花時間理會別人的小過錯。 (3)

4. 如果陌生人在我開車的時候插隊，我：

____只會聳聳肩，就開走了。 (3)

____通常會自言自語地抱怨兩句。 (2)

____會開到對方的車旁，對他吼叫。 (1)

5.

____我常常跟家人爭論要去某個地方需要多少時間。 (1)

____我有時候會跟家人爭論要有足夠的時間去一個地方。 (2)

____我很少跟家人爭論任何短程旅行計畫。 (3)

6.

____我總是搶著做總結。 (1)

____我願意傾聽，可是還是喜歡做總結。 (2)

____我會用開放的心傾聽。 (3)

7.

____我料得到人們偶爾會不同意我的看法。 (3)

____有時候當人們的看法跟我不同時，我會感到有點困擾。 (2)

_____當人們跟我唱反調時，我會生氣。 (1)

8.

_____我相信的每件事情都值得爭取，不論大小。 (1)

_____我為自己的信念戰鬥，但是我曉得何時該「喊停」。 (2)

_____我曉得哪些戰鬥值得奮戰，哪些最好不碰。 (3)

9.

_____我期望事情永遠會如我所願。 (1)

_____我相信事情通常會如我所願。 (2)

_____我瞭解事情無法總是盡如人意。 (3)

10.

_____我相信知道何者為重是幸福的關鍵。 (3)

_____為我所相信的事情奮鬥是幸福的根本。 (2)

_____我的幸福處方就是贏得每項論爭。 (1)

抓狂指數記分板

21～30：你明智地選擇你的戰鬥。

11～20：你還需要一點練習，才能決定哪些事情對你是重要的。

1～10：你可能在為自己調配不快樂和挫折的藥方。明智地選擇
　　　　你的戰鬥，有朝一日你將完全不需要戰鬥！

31

察覺自己的情緒，不要被情緒低潮愚弄了

情緒是很會騙人的。當你心情不錯時，生活看起來好極了。當你心情不佳時，生活看起來就難以忍受。竅門是：情緒隨時在改變。事實上，在你心情不好的時候，生活從來沒有你所以爲的那麼糟糕。

　　你有時會被情緒愚弄嗎？如果是，就思考下面這些問題。

1. 你認為自己是一個情緒化的人嗎？

2. 你是否很善於察覺自己的情緒？

3. 在心情不好的時候，下面哪一個形容詞最能形容你（把適合的都圈起來）：

急躁易怒　　　吹毛求疵　　　諷刺　　　　不耐煩
猶豫不決　　　草率下決定　　譏誚

4. 別人是否比你先察覺你的情緒不好？

5. 心情不好的時候，你如何表達？

6. 心情不好的時候，會持續多久？

7. 列舉出惹你壞情緒的誘因。

8. 列舉讓你快樂，可以扭轉你情緒的事情。

9. 有時候你是否發現自己莫名其妙的心情不佳？

10. 有時候你是否會在心情不好時做重大決定？

11. 你是否曾經在心情不好時說過或做過令你後悔的事？

12. 當我心情不好的時候，這個世界對我來說似乎是這樣的（圈出適合的）：
工作變得更難
每件事都變成莫大的挑戰
小小的批評也變成莫大的個人侮辱
小丘變成大山
人們的缺點變成有意的惡行

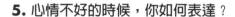

完全行動手冊

把非關個人的現實（公車遲到或電話佔線）當作是衝著自己來

家庭或工作處境變得難以應付

別人變得不可理喻

13. 你是否曾經延期開會，或者延期做決定，直到心情好轉為

止？你會考慮這麼做嗎？為什麼？

32
生命是一場測驗
它只是一場測驗

當你把人生和它的許多挑戰看作是一場測驗，你就會發現，你所面臨的每個議題都是成長的機會。相反的，如果你把面臨的每個新議題都當作非贏不可的苦戰，你的路途就比較坎坷了。

　　你是否把生命看作一場挑戰？下面是一些情況。在每一題中，簡短描述你會如何處理。如果過去你把它當作一場戰鬥，現在要怎樣才能將它看成一個成長的機會？

1. 為了錢跟家人發生爭執。

2. 為了如何分配自己的時間而跟家人發生爭執。

3. 你做的某件事困擾了一位親近的朋友。

4. 一位好友做的某件事教你感到困擾。

5. 孩子提出一個要求。

6. 你跟宗教領袖或其他精神領袖發生歧見。

7. 跟一位生意人或店員意見不合。

8. 在餐廳裡苦等上菜。

9. 在面對一大張「待辦」名單時感到緊張。

10. 無力成功做完家裡的維修工作。

11. 保持你想要的體重。

12. 維持你的運動計畫。

13. 把房間或家裡保持得像你想要的那麼乾淨整齊。

14. 在工作上遭到斥責。

15. 必須在工作上斥責別人。

16. 在工作上被分派到覺得不公平的任務。

17. 討厭必須在公司或家裡為別人善後。

18. 得到一個好車位。

19. 把一個總是遲到的人準時送到。

20. 找時間休息。

別為小事抓狂特輯

33
讚美與苛責
都是一樣的

每個人都有一套評估人生的標準，我們的想法無法時時符合他人。不過，基於某些理由，當別人拒絕我們的想法，向我們說不，或是做出其他方式的拒絕時，我們大部份人就會感到生氣、傷心或挫折。我們越快接受這個不可避免的困境，知道我們不可能得到人人的贊同，我們的生活就越容易過。

讚美與苛責對你來說都是一樣的嗎？完成這項問卷就知道。請讀完下面三種描述，再決定哪一種比較適合你，然後把分數填在空格處。

1. 當我第一次穿某件新衣時：
____我總是尋求讚美。 (1)
____我從未尋求讚美。 (3)
____我可能會尋求讚美。 (2)

2. 有人告訴我，我看起來不太好，雖然我覺得還不錯，我會：

____有點擔心自己的外表，問其他人覺得怎樣。 (2)

____感到沮喪，自己躲起來。 (1)

____試著不去擔心；或許這個人今天過得不太順利。 (3)

3. 如果我的另一半對一項新食譜不太滿意：

____我有時會不高興。 (2)

____我從未不高興。 (3)

____我總是不高興。 (1)

4. 我的社區基金募款提議被回拒了，我會：

____有風度地接受別人的提議比我的高明。 (3)

____覺得自己的想法毫無價值，從此再也不做建議。 (1)

____覺得有點受傷，但是可以理解他們的決定。 (2)

5. 如果地方報紙刊登了我寫給編輯的信，我：

____可能會拿給我的朋友、鄰居和同事看。 (2)

____肯定會把這篇文章拿給我認識的每個人看。 (1)

____只把這篇文章拿給少數幾個朋友看。 (3)

6. 我的拿手菜在社區派對中大獲好評，我會：

____謙虛地向那些恭維我的人道謝。 (3)

____告訴每個人那道菜是我做的。 (1)

____告訴每個稱讚我的人，這道菜有多麼難做。 (2)

7. 母親感謝我在母親節送給她的花，我會：

____問她我的兄弟是否記得送花。 (2)

____讚美自己選得好。 (1)

____告訴她，我很高興她喜歡那些花。 (3)

8. 我的另一半很不高興我忘了結婚週年紀念日，我會：

____滿心抱歉，下一週就帶他去我們最喜歡的餐廳吃飯。 (3)

____滿心抱歉，帶他去城裡最昂貴的飯店吃飯。 (1)

____滿心抱歉，當場就為另一半做一份特別晚餐。 (2)

9. 有位鄰居感謝我偶然為他所做的家事，我會：

____告訴別人我為鄰居所做的好事。 (1)

____告訴鄰居我澆花和餵貓的細節。 (2)

____高聲說這是鄰居的職責所在。 (3)

10. 有位同事在我試圖幫忙處理辦公室問題之後，教我不要多管閒事，我：

____可能會因為同事的惡言而感到傷心。 (2)

____不會受傷，只把它看成同事承受了太大的壓力。 (3)

____鐵定會感到受傷，永遠不再提出建議。 (1)

抓狂指數記分板

21～30：你不需要他人不斷的讚美就可以感到自在。

11～20：某些反對會使你困擾，其他的則不會。

1～10：像念咒一樣重複告訴自己這句話：讚美與苛責都是一樣
　　　　的。你很快就會明白這是事實。

34
練習隨意的善行

練習毫無目的的善行，可以有效地接觸到付出而不求回報的喜悅。每件善行都會回報你美好的感覺，提醒你生命中重要的層面──服務、慈善與愛心。

1. 請列舉五項你可以在下面每個情境中練習做的隨意善行，並寫下執行這項善行需要多少時間和多少代價。

　　　工作上　　　　　在購物中心裡　　　　　開車時
　　　講電話時　　　　逛街時

2. 列舉出你想得出來的不要隨意做善行的理由。

3. 看看你剛剛列出的單子。圈出所有比執行隨意善行的優點更重要的理由。

35
觀察行爲的背後

當我們觀察行爲背後的含意時，我們就有雅量可以揣測對方並無惡意。這眞的比想像中容易。今天就試試看，你將會看到一些美好的結果。

　　你有能力觀察一個人無心的負面行爲背後的含意，並不是衝著你來的嗎？對於下面每項行爲，寫出你如何 (a) 把事情看成最糟，以及如何 (b) 觀察行爲的背後，曉得實情是怎麼一回事。

1. 你總是拿好友的禿頭來開玩笑。今天他突然介意了。
2. 助理每天早上都為你泡咖啡。今天他說：「自己去泡吧。」
3. 愛人向來都記得你們認識的週年紀念日——除了今天以外。
4. 在吃完商業午餐後，你不小心說出有位同事的外套沾到了食物。他於是責罵你：「你幹什麼嚷嚷？」
5. 你剛剛幫鄰居買了一袋日常用品回來。店裡有一項牌子的物品缺貨，所以你換了另一個牌子。而你還來不及解釋，鄰居就說：「你這個白癡！你買錯牌子了！」
6. 你正坐在桌子前思索一個跟工作有關的問題。老闆正好從你

面前經過，說：「我不是付錢請你來做白日夢的。」而在你

辯解前，他就離開了。

7. 你在辛勤工作一天後從辦公室回來，期望在家的另一半已經

準備好晚餐了。他卻說：「你以為我整天坐在這裡玩嗎？」

8. 早上出門時，你發現鄰居把樹葉堆在你這邊的公共草坪上。

9. 你最喜歡的電視節目時間到了，你的室友正在附近大聲講電

話。當你請她去隔壁房間時，她卻大吼大叫：「我先來

的！」

10. 孩子洗澡的時候，你把她明天上學要穿的衣服拿出來。她看

到衣服以後尖叫著追過來：「你怎麼可以做這種事？你要我

看起來像個老太婆嗎？」

11. 每星期四晚上你都會打電話給媽媽。今天晚上你去參加一場

晚餐應酬回來晚了，打電話時已經將近十點鐘。她斥責你：

「太忙了沒時間理媽媽呀？」

36
看見無辜

當別人做出我們不喜歡的事情時，面對這個人的最佳策略，就是跟這個行爲拉開距離，看見行爲背後的無辜。通常，稍微改變想法，就可以立刻讓我們進入同情的狀態。

你有辦法看見無辜嗎？下面的是非練習題可以幫助你找出你的問題所在，看見別人的無辜。

當人們對我大吼大叫時，我會覺得他是衝著我來的。　＿＿

第一印象通常都是正確的。　＿＿

有時候我明明知道不是這個人的錯，還是會對他大叫。　＿＿

通常在缺乏適當的資訊時，我會冤枉別人。　＿＿

有些人用傲慢來掩飾他們的不安。　＿＿

我會怎麼做，全看我跟誰在一起。　＿＿

如果有人在無意中傷了我的心，我會告訴他。　＿＿

如果有人動怒，我也會發火。　＿＿

如果有人很不體貼，我會聳聳肩就算了。　＿＿

如果有人太殘酷了，我會對抗他。　＿＿

有時候人們生氣是無所謂的。　　　　　　　　　　_____

有些人天生就是會惹毛周圍的人。　　　　　　　　_____

若有人表現不理性，大概有我不知道的合理解釋。　_____

要迅速判斷別人的行為成因是很簡單的。　　　　　_____

接下來問你自己：

1. 列出哪種人會惹你生氣或急躁。

2. 列出你能看出這些人的無辜的方法，別生他們的氣。

3. 列出會讓你生氣或急躁的情形。

4. 在上面的處境中，如果你會把挫折發洩在周圍的人身上，請
　　 列出能調整自己態度的方法，以看出每種情境背後的無辜。

37

選擇做仁慈的人
而非對的人

你如果注意到你貶低別人以後的感覺，你就會發現你的感覺反而變得更糟。犧牲別人是不可能讓你感到好受的。幸好，反之亦然。當你的目標是去幫助別人改善時，你也會感到好受，分享他們的喜悅，獲得美好的報酬。

　　你寧可做仁慈的人而非對的人嗎？完成這項問卷就知道。請讀完三種描述，再決定哪一種比較適合你。然後把分數填在空格處。

1. 我去社區劇場欣賞我在百老匯看過的一齣戲，我會：

＿＿＿＿恭喜演員的精彩演出。 (3)

＿＿＿＿三緘其口；這齣戲的表現沒有百老匯的好。 (2)

＿＿＿＿向其他人指出百老匯的演出比較精彩。 (1)

2. 社區募款餐會大大成功，我的食物賣得最多，我會：

＿＿＿＿算出我的食物賣得的款項佔基金的多少百分比。 (2)

_____開心地慶祝籌募基金成功。 (3)

_____讓每個人知道我的食物最賣錢。 (1)

3. 工作小組的計畫被譽為很有創意，這是我的點子，我會：

_____要公司的簡訊刊登這是誰的主意。 (1)

_____讓同組的同事確知這是我出的主意。 (2)

_____跟同事一起接受稱讚。 (3)

4. 我在比賽結尾所接的那一球，為我們這一隊贏得了全縣的壘球冠軍，我會：

_____謙虛地感謝記者的稱讚。 (2)

_____告訴記者這是全隊的努力。 (3)

_____提醒記者，要不是有我，這一隊就輸定了。 (1)

5. 聽了我的建議，有位朋友減輕了不少體重，我會：

_____為朋友現在所受到的恭維感到開心。 (3)

_____告訴其他人，我朋友的改變完全要歸功於我的建議。 (2)

_____指出我的朋友現在看起來好極了，但是需要買新衣服。 (1)

6. 有位同事為一個新工作機會感到興奮不已，我會：

_____指出工作量可能會很大。 (1)

_____很感興趣，問了一些問題。 (3)

_____鼓勵我的同事，然後改變話題。 (2)

7. 我為學校製作假日選美的服裝，但受稱讚的是老師，我會：

＿＿＿同意大家的看法，說這個節目很成功。 (3)

＿＿＿同意這個節目很成功，並問他們覺得服裝怎麼樣。 (2)

＿＿＿同意這個節目很成功，並提醒他們服裝是我做的。 (1)

8. 有個朋友向我借了一件服飾，得到許多讚賞，我：

＿＿＿可能會指出這件服飾是我的。 (2)

＿＿＿鐵定會指出這件服飾是我的。 (1)

＿＿＿絕對不會指出這件服飾是我的。 (3)

9. 朋友買了一件我覺得很蠢的昂貴收藏，卻沾沾自喜，我會：

＿＿＿告訴朋友我真正的想法。 (1)

＿＿＿分享朋友的喜悅。 (3)

＿＿＿告訴朋友它是不錯，可是會不會太貴了點？(2)

10. 我的朋友興沖沖地要到我去過的新潮餐廳吃飯，我會：

＿＿＿決定不去，但是不告訴他們原因。 (2)

＿＿＿和盤托出我的恐怖經驗，好讓他們改變主意。 (1)

＿＿＿決定一起去，再試一次。 (3)

抓狂指數記分板

21～30：你會避免犧牲別人的感情，而堅持自己是對的。

11～20：你還需要練習更仁慈一點。

1～10：你很容易向他人指出你自己的成就，或是某些事情的瑕
疵。請試著享受跟周圍的人共處片刻的喜悅。

完
全
行
動
手
冊

38

(今天)告訴
三個人，你有多愛他們

你在等什麼？現在是讓別人知道你有多愛他們的最好時機。如果你太害羞了，不敢打電話，不妨寫一封真心誠意的信。習慣讓別人知道你有多愛他們後，它將會變成你生活中的一部份。

　　現在就開始列一張你所愛的人的名單。寫下他們的名字，然後想像他們接到你愛的訊息後，你們會產生什麼對話。

1. 想一想，在你告訴這些人你有多愛他們以前，你的感覺是怎樣的。你可能很緊張、害怕、興奮，或者以上皆有。請用幾個字或幾句話來形容你的感受。

2. 想一想每個對象接到訊息後會產生怎樣的感覺。他們可能會感到驚喜、感激、感動，或者以上皆是。請寫幾個字或幾句話來描述他們的反應。

3. 現在再想一想，讓大家曉得你有多愛他們以後，你自己的感覺如何。請寫幾個字或幾句話來形容你的感受。

4. 你會再次告訴人們你有多愛他們嗎？為什麼？

39 練習謙虛

不斷指出自己的成就、吹噓或是說服別人認同你的價值，需要大量的精力。你越想證明自己，他人就越迴避你。人們喜歡親近一個平靜、有自信的人：那些不需要裝腔作勢的人，那些謙虛的人。

你謙虛嗎？讓這份問卷幫助你發現答案。**從未**是0分；**有時候**是1分；**常常**是2分。

1. 和人初見面前，我會思考要如何給他一個好印象。　　____
2. 我會把大學的平均成績夾帶入隨意的閒聊。　　____
3. 我喜歡向人吹噓可以拿到多少年終獎金。　　____
4. 我相信住在哪裡可以顯示我是一個多優秀的人。
5. 如果朋友告訴我他孩子的好事，我會忍不住也要設法
   吹噓自己的孩子（或是我所親近的孩子）。　　____
6. 如果在工作場合中有人告訴我他所遇到的壞事，我會
   覺得也告訴那個人自己所遇到的壞事，是很重要的。　　____
7. 我想我比我所認識的大部份人都聰明。　　____

8. 我想我比我所認識的大部份人都更難被愚弄。 ＿＿＿

9. 我喜歡告訴人們我去購物時得到的便宜。 ＿＿＿

10. 跟朋友上他們喜愛的餐廳，我卻吹噓別的地方的食物。 ＿＿＿

11. 在朋友家吃晚飯時，我喜歡形容我上一次準備的美味可口食物。 ＿＿＿

12. 我告訴人們我擁有想像得到的最佳童年。 ＿＿＿

13. 我告訴人們我擁有想像得到的最糟童年。 ＿＿＿

14. 我曉得度假的最佳去處。 ＿＿＿

15. 我告訴人們，我的房子是這條街上維修得最好的。 ＿＿＿

16. 我告訴人們，沒有問過我以前，不要隨便買車子。 ＿＿＿

17. 我痛恨別人搶我的功勞，我一定會指出來。 ＿＿＿

18. 上館子時我一定會負責點酒。 ＿＿＿

19. 我想我是最佳運動員。 ＿＿＿

20. 我喜歡告訴人們我的光榮歲月。 ＿＿＿

21. 我告訴人們我另一半（交往對象）的廚藝最好。 ＿＿＿

22. 我想我是表揚晚餐上的最佳貴賓。 ＿＿＿

23. 我發現要向人們表達仰慕之意是很困難的。 ＿＿＿

24. 我發現要向人們表達仰慕之意，卻又不想起我自己值得仰慕之處，是很困難的。 ＿＿＿

25. 我不喜歡看見別人受到稱讚。 ＿＿＿

26. 我喜歡讓人們以為我是公司裡最有價值的員工。 ＿＿＿

27. 我喜歡指出他人的失敗。 ＿＿＿

28. 我喜歡看別人失敗，然後接手把事情做對。 ＿＿＿

29. 我會質疑規定。 ___

30. 我很難相信人們會不願意用我的方法做事情。 ___

31. 我相信我對這個世界的瞭解比較優越。 ___

32. 我相信我有特殊天分和才能。 ___

抓狂指數記分板

把答案的總分加起來。分數越低，你就越謙虛。如果你的成績低於10分，其他人可能會覺得你謙虛得過了頭。如果你的分數超過32分，趕快吃塊謙虛派！

40
不知道今天
輪到誰倒垃圾，
就先去做吧！

如果你老在計算自己所做過的一切，真的很難變成一個知足的人。斤斤計較只會讓你的心中擠滿了誰做了什麼，誰做得比較多等等的想法。如果你想聽真話，這就是「小事」的縮影。知道你已盡了自己的本分，就可以讓你的人生過得更快樂一點。

　　你會斤斤計較嗎？當「這次輪到誰？」這個問題擠滿你的心時，就在每個區域旁邊打個勾。

　　_____ 倒垃圾　　　　　　　_____ 吸地

　　_____ 打掃浴室　　　　　　_____ 洗碗盤

　　_____ 洗衣服　　　　　　　_____ 關燈

　　_____ 澆花　　　　　　　　_____ 清掃櫥櫃

　　_____ 清掃地下室或閣樓　　_____ 割草

　　_____ 遛狗　　　　　　　　_____ 倒垃圾

____ 哄哭泣的嬰兒　　　　____ 想一想晚餐要吃什麼

____ 準備晚餐　　　　　　____ 打電話叫外送晚餐

____ 外帶晚餐回來　　　　____ 打電話給餐廳訂位

____ 支付晚餐費用　　　　____ 記得錄一個電視節目

____ 調整時鐘　　　　　　____ 更換煙霧偵測器的電池

____ 去拿乾洗衣服　　　　____ 送車子去維修

____ 擔任共乘汽車的駕駛　____ 打電話或傳送電子郵件

____ 記得祖母的生日　　　____ 買卡片或禮物

____ 預訂假日旅行的住處　____ 寄聖誕卡

____ 說聲「我愛你」　　　____ 去度假前通知報紙停送

____ 打電話給朋友做社交安排

41
避免在雞蛋裡挑骨頭

我們可以檢修房子，看看有沒有裂縫、漏水和瑕疵，以確保這座房子可以經得起風吹雨打，挨過冬天。同樣的，我們也可以把這個方法運用在我們的人際關係、甚至生活上。你是否正在小心搜尋有沒有任何地方需要修補？你是否找到了人生的裂縫跟瑕疵？這種傾向不但會讓人們對你敬而遠之，也會影響你的感受。它鼓勵你去思索所有的事情和所有的人有什麼差錯。

你會在你的人際關係、人生的某些層面，或是在兩者中都雞蛋裡挑骨頭嗎？完成這份問卷就知道。請讀完以下三種描述，決定哪組最能描述你的狀況，再把分數填在空格處。

1. 如果另一半早晨的喜悅是惹火我的來源，我會：

____每天早上都指出沒有人應該一大早就這麼快樂。 (1)

____偶爾指出另一半早晨的心情太刺激人了。 (2)

____試著把另一半的態度看成是迎接另一天的正面方式。 (3)

2. 每當鄰居的垃圾桶被吹上街，總是我在幫忙撿，我會：

_____每次都讓鄰居曉得這件事有多麻煩。 (1)

_____把垃圾桶放回原位，就不再去想它。 (3)

_____有時會取笑鄰居顯然討厭把垃圾桶歸回原位。 (2)

3. 我正跟新對象交往，但他喜歡的音樂我真的不欣賞，我會：

_____多聽音樂以培養欣賞力。 (3)

_____試圖要他改變音樂品味。 (1)

_____有時候抱怨他的音樂選擇。 (2)

4. 觀賞球賽時，我發現我的新同事是個輸不起的人，我會：

_____取笑新同事過度投入的態度。 (2)

_____接納新同事的爲人。 (3)

_____隔天就告訴每個人新同事多麼沒風度。 (1)

5. 父母開始告訴我關於他們朋友生病的事，我會：

_____專注而有同情心地傾聽。 (3)

_____告訴他們我不在乎，也沒有時間聽他們朋友的事。 (1)

_____聽了幾次，然後試著限制這類話題。 (2)

6. 我最近認識的人有個惱人的習慣，喜歡做專家，我會：

_____斬釘截鐵地指出我覺得他這種習慣很惱人。 (1)

_____讓這個人曉得我對這個主題也很在行。 (2)

_____鼓勵這個人分享，然後再補充我自己的想法。 (3)

7. 當我認識了一個人，發現了他們的壞習慣時，我：

＿＿＿可能會指出這個缺點，這是朋友的責任，不是嗎？(2)

＿＿＿大概不會說什麼，我自己也不是十全十美。(3)

＿＿＿會立刻說明白，我不能跟這種人在一起。(1)

8. 我的兄弟有個習慣，老喜歡讓他的新生兒聽電話，我會：

＿＿＿向我的兄弟指出，這個習慣有多惱人。(1)

＿＿＿瞭解兄弟的幸福，並且享受這個片刻。(3)

＿＿＿偶爾忍受這種愚蠢的行爲。(2)

9. 我的好友正在跟一個我覺得會做怪事的人交往，我會：

＿＿＿把我的意見藏在心底。(3)

＿＿＿只告訴朋友我的想法一次。(2)

＿＿＿每次都向朋友指出他的約會對象所做的怪事。(1)

10. 經常邀請我共進午餐的同事老是遲到，我會：

＿＿＿當場就指出我已經等了多久。(2)

＿＿＿預期同事一定會遲到，所以利用這段時間做點別的。(3)

＿＿＿每次在同事出現時就大驚小怪。(1)

抓狂指數記分板

21～30：你會接納人和事情的原貌。

11～20：你依然會讓某些不完美困擾你，試著多接納點。

1～10：你還是太武斷了。請更努力去接納你周圍的人和事，不要太挑剔。

42
每天花一點時間，想個人去愛

明早醒來時，問你自己：「今天要把愛送給誰？」很可能立刻就會有個人影浮現在你的腦海中——或許是家人、朋友、同事，或鄰居。是誰並不重要；重點只是要讓你的心轉向愛。

　　你可以每天花一點時間，想個人去愛嗎？想個理由去感謝你生命中的人物。

母親	父親	兄弟
姊妹	祖母	祖父
姑姑阿姨	叔叔伯伯	表兄弟姊妹
子女	孫子女	配偶
前任配偶	現在交往的對象	以前交往的對象
宗教領袖	政治領袖	鄰居
老師	教練	朋友
雇主	同事	助理
財經顧問	醫師	律師

房地產經紀人　　　旅行社代理人　　飯店員工

服務生　　　　　　接待員　　　　　商店店員

送貨員　　　　　　警官　　　　　　修理工人

寵物　　　　　　　藝人（不必真的認識）

43
變成人類學家

人類學，被定義為「對別人選擇的生活方式與行為感到興趣，不帶任何判斷色彩」，這是要發展你的同情心的一個策略。它用愛心與溫柔取代批判，讓你比較不會被他人的言行激怒。

　　你是一個人類學家嗎？下面的是非題測驗將會幫助你找出你的問題所在，讓你可以試著不要去批判別人。

在宴會中，我通常都會接近外表言行和我相近的人。　　____
我大部份朋友的經濟背景都跟我一樣。　　____
我想我跟宗教信仰不同的人不會有太多相似之處。　　____
這個年頭的孩子們太嚇人了。　　____
我可以從人們的衣著很快下判斷。　　____
工作收入較低的人大概比較不聰明。　　____
身體殘障的人教我感到緊張。　　____
靜悄悄的人通常都沒有安全感。　　____
開跑車的人都很魯莽。　　____
負擔得起獨棟住宅的人不會真的選擇去住公寓。　　____

體重過胖的人對自己的人生很不開心。　　＿＿

從空中跳下的人有求死的願望。　　＿＿

我認識別人時，最先問的是他們的職業。　　＿＿

接下來問你自己：

1. 請分別寫下，可以如何從你的鄰居、衣著、工作、嗜好，看出你是怎樣的人。

2. 如果有個人第一次見到你，在你還沒有機會開口前，他對你會有什麼看法？

3. 請列出別人不會發現的你的特質──除非他們真的瞭解你。

44
尊重個別差異

如果你曾經去外國旅行，你就曉得各個文化之間的差異有多大。差異原則指出，人與人之間的差異也有天壤之別。正如我們不會期望來自不同文化的人跟我們抱持相同的看法與作法，這項原則也告訴我們，個人間的差異也是如此。尊重人人都不一樣的事實，我們就可以增加我們對他人——以及我們自己——的愛心。

　　你瞭解個別差異原則嗎？請閱讀下面的陳述。根據每題陳述是否適用於你來回答是或非。一定要根據你現在的樣子來作答，而非你期望的樣子。

1. 工作時我很受不了跟嚴守朝九晚五的人打交道。　____
2. 我不懂為何有人願意每天花一小時以上通勤去上班。　____
3. 我無法想像為何有人喜歡出去吃飯更勝於在家吃。　____
4. 我不懂為何有人堅持要看起來比實際年齡年輕。　____
5. 我很難瞭解那些把感覺鎖在內心深處的人。　____
6. 我受不了完美主義者。畢竟，我們都會犯錯！　____
7. 我不懂為何有人選擇不要生小孩。　____

8. 我不懂為何有些人會認為運動可以讓人放鬆和享受。　　___

9. 我無法想像為何有人把素食主義當作一種生活方式。　___

10. 我受不了那些二十四小時工作的人。他們的生活必

須要增添更多樂趣。　　　　　　　　　　　　　___

11. 我不懂為何有這麼多人怕電腦和科技。　　　　　___

　　看一遍你的答案。選「是」的每一題都代表一個你難以理解的看法。試一試下面這些練習。

- 選一句你回答「是」的敘述。
- 為此觀點辯護，至少列舉三個為何有人會持此觀點的原因。
- 用同樣的程序再去處理你選「是」的每一題。

　　這項練習有沒有讓你對個別差異原則有更進一步的瞭解？為什麼？

45

發展出你的
助人儀式

做善事是有幫助的。其中一個作法就是發展出你自己的助人儀式。你可以撿垃圾，幫忙把別人車道上的積雪鏟除，或是扶老人過馬路。

你有自己的助人儀式嗎？要是沒有，就想一想下面這些。

1. 想想家裡的一個區域。你怎樣可以讓它變得更好一點？

2. 想想家裡的某個人。你怎樣可以讓他過得更好一點？

3. 想想你家附近的一個區域。你怎樣可以讓它變得更好一點？

4. 想想你所認識的某個人。你怎樣可以讓他過得更好？

5. 想出五件你本來可以做，卻選擇不做的好事。好比，你可能看到鄰居的報紙躺在雨中，或者看見鄰居正在卸下沈重的物品，又或者你看見家門前的大街上有垃圾。舉出五個例子。

6. 再寫下你可以做什麼來幫個忙。

7. 選擇對你來說最容易的助人儀式。寫下來，並嘗試把你的助人儀式變成例行作息的一部份。

46

每天，至少告訴一個人，你喜歡、仰慕或欣賞他的地方

許多人終生都盼望得到別人的認可。告訴別人你對他們的感受，是一件有愛心的善事。試試下面的作法。

1. 列一張你喜歡、仰慕或欣賞的人的名單。

2. 在單子上的每個人名旁，寫下你最仰慕或欣賞的地方。

3. 什麼事最讓你不敢表達你的仰慕？

4. 你接受過的最好恭維是什麼？

5. 你事後有什麼感受？

6. 你一直希望別人對你說些什麼？

7. 你曾經對別人說過這些嗎？為什麼？

8. 恭維未必一定要跟大事有關；只要有誠意就好。如果你在表達仰慕方面還是一個生手，慢慢來，先建立你的自信再說。把下面的事項或特性，根據你恭維別人這件事情時有多自在，分別打上1到18分。

____ 衣著　　　　____ 頭髮　　　　____ 汽車

____ 房子　　　　____ 笑容　　　　____ 大笑

____ 幽默感　　　____ 藝術品味　　____ 外交手腕

____ 眼睛　　　　____ 生活前景　　____ 態度

____ 工作技能　　____ 不屈不撓　　____ 芳香

____ 責任感　　　____ 家庭　　　　____ 烹飪技術

別為小事抓狂特輯

47

別為自己的
缺點講話

我們的心靈是強而有力的工具。當我們決定什麼事情真的超越我們的能力時，我們就很難突破這個自我創造的障礙。不要爭辯自己的極限！這種負面習慣很容易就可以用正面的習慣來取代。

你會為自己的極限爭辯嗎？完成這份問卷就知道。每題分為三組陳述。每組各有一個分數。請讀完三種描述，再決定哪一種最能夠描述你的狀況，然後把分數填在空格處。

1. 我在工作上被分派了一份新任務，我會：

____尋找不能做的理由。 (1)

____期盼接受挑戰。 (3)

____接受任務，可是告訴其他人我為什麼可能有困難。 (2)

2. 我的朋友們要我加入他們的健身房，我會：

____宣稱我向來笨手笨腳的，不應該去。 (1)

____不太有把握，可是用開放的心態姑且一試。 (3)

_____告訴朋友們我很忙，大概只能去一次。 (2)

3. 我的同事決定組一個足球隊，我會：

_____說我會試試看，但是我大概會害全隊輸球。 (1)

_____說我會試試看，但是我學生時代的體育成績很差。 (2)

_____說我會試試看，感謝他們邀請我參加。 (3)

4. 我就要開車去一位朋友的新家參加晚宴，我會告訴朋友：

_____如果我遲到了，就不要等我吃飯，交通是很難預料的。 (2)

_____如果我遲到了，要原諒我，我很沒有方向感。 (1)

_____我很期待去參觀他們的新房子。 (3)

5. 鄰居覺得假日去唱KTV很有趣，我會：

_____告訴他們我會加入，還會帶熱巧克力去。 (3)

_____告訴他們我會加入，可是我不會唱歌。 (1)

_____告訴他們我會加入，但是我希望不要被任何同事看到。 (2)

6. 我的朋友們說服我為慈善義賣買一張彩券，我會：

_____說這是多此一舉，我從來沒贏過任何東西。 (1)

_____認為這是個好主意，總要有人贏。 (3)

_____把彩券擱在口袋裡，心想買彩券真是件蠢事。 (2)

7. 我的另一半計畫週末出遊去賭城度假，我會指出：

_____我從來沒什麼運氣，何必多此一舉？(1)

_____我們現在有太多事要忙，無心享受。(2)

_____我一直都想去，一定會很好玩。(3)

8. 我希望跟另一半討論一個問題；而我認為：

_____我們可以討論這個問題，達成公平的協議。(3)

_____我們只會吵架收尾，根本就沒人瞭解我。(1)

_____我不應該就這樣提起問題——何必自找麻煩呢？(2)

9. 我終於決定我真的要開始節食，而我：

_____曉得這一次自己一定會成功。(3)

_____對自己很誠實，我根本沒有意志力。(2)

_____記起過去我曾節食失敗過。(1)

10. 我的另一半認為我們應該去上舞蹈課，我會：

_____答應去，但是曉得老狗學不了新把戲。(1)

_____答應去，全是因為另一半要我去的。(2)

_____答應去，而且盡情享受一番。(3)

抓狂指數記分板

21～30：你努力不去看事情的障礙，只看見無窮的可能性。

11～20：你看得見你的目標，但是也常看見障礙。

1～10：你大概覺得自己被所有的負面因素打敗了。請練習告訴
自己，「我做得到」，而非「我做不到」。

48
記住，每樣東西
都留有上帝的指印

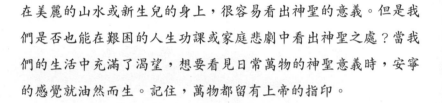

在美麗的山水或新生兒的身上，很容易看出神聖的意義。但是我們是否也能在艱困的人生功課或家庭悲劇中看出神聖之處？當我們的生活中充滿了渴望，想要看見日常萬物的神聖意義時，安寧的感覺就油然而生。記住，萬物都留有上帝的指印。

完 全 行 動 手 冊

　　你有沒有拓展視野來觀看萬物的神聖意義？完成這份問卷就知道。請讀完三組的陳述，決定哪一組最能夠描述你的狀況。然後把分數寫在空格處。

1. 如果失去工作，我會：
____傷心，但也會找新工作。 (2)
____心想還有更好的在等我。 (3)
____怨天尤人，領失業保險金。 (1)

2. 我犯了錯，害得辦公室的足球隊輸掉公司的挑戰賽，我會：

_____極可能會唉聲嘆氣，抱怨壞事總是發生在我身上。 (1)

_____可能會唉聲嘆氣，抱怨壞事總是發生在我身上。 (2)

_____不會唉聲嘆氣，因為對手更需要勝利來鼓舞士氣。 (3)

3. 我的寵物被汽車撞死了，我會：

_____去流浪動物之家給另一隻動物一個家。 (3)

_____宣佈再也不養寵物了，太痛苦了。 (1)

_____給自己一點時間，來恢復失去寵物的傷痛。 (2)

4. 我只是跟著車流前進，卻收到超速罰單，我覺得：

_____只有我被挑出來算違規很不公平，但還可以接受。 (2)

_____我應該上法庭申訴。 (1)

_____或許我是開太快，交通員警可能讓我避免了意外事故。 (3)

5. 如果我被困在電梯裡，我會：

_____試著放鬆，善用這段安靜的私人時間。 (3)

_____恐慌，並讓周圍的人也感到恐慌。 (1)

_____懷疑為何會發生這種事。 (2)

6. 如果我在工作升遷上被拒，我：

_____大概會直問老闆原因。 (2)

_____會合理地認為，這個職位可能不是我所勝任的。 (3)

_____會向同事抱怨，我受到了侮辱。 (1)

7. 我投錢幣進糖果販賣機，可是沒有東西掉出來，我：

_____曉得反正我不是真的要吃糖。 (3)

_____真不明白為何壞事總是落在我頭上。 (1)

_____試著找一台沒壞掉的販賣機。 (2)

8. 如果感染了嚴重的流行性感冒，我：

_____極可能會為了所錯過的工作而緊張。 (1)

_____偶爾會擔心工作。 (2)

_____不會擔心工作，反而乘機開始讀一直想讀的書。 (3)

9. 我沒試穿就買了不能退的拍賣衣服，卻發現不合身，我會：

_____把它捐給遊民收容所；可能有人穿得下它。 (3)

_____真不懂為何老是發生這種事，然後就把衣服塞進抽屜。 (1)

_____跟朋友一起嘲笑自己的錯誤。 (2)

10. 多年的鄰居因為工作調職的緣故要搬走了，我：

_____可能會痛恨搬進鄰居家的人。 (2)

_____鐵定不會跟新鄰居作朋友。 (1)

_____肯定會歡迎我的新鄰居。 (3)

抓狂指數記分板

21～30：即使在最黑的烏雲中你也看得見希望。

11～20：請試著明白，即使是壞事也不是毫無理由就發生的。

1～10：你需要重新評估處境，以便看清一個「更高遠的」目
　　　　的，不論現有的情勢有多麼令人垂頭喪氣。

49
克制想要批評的衝動

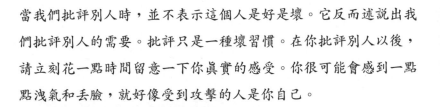

當我們批評別人時，並不表示這個人是好是壞。它反而述說出我們批評別人的需要。批評只是一種壞習慣。在你批評別人以後，請立刻花一點時間留意一下你真實的感受。你很可能會感到一點點洩氣和丟臉，就好像受到攻擊的人是你自己。

　　你可以克制想要批評的衝動嗎？這個練習就是設計來讓你把批評的行為變成更有益的事。下列情境，請先寫出 (a) 你的批評反應可能會是……；再寫出 (b) 可是，你反而說……

1. 你的孩子帶著不理想的成績單回來。

2. 你和鄰居輪流送垃圾去資源回收中心。但是今天早上，鄰居忘了該輪到誰，所以垃圾就放在那兒！

3. 你很討厭一件另一半非常喜歡的毛衣。他卻常穿！

4. 你正處青春期的孩子在臥房裡放著震耳欲聾的音樂，這可不

是你喜歡聽的那一種。

5. 辦公室宴會的閒聊演變成頂撞老闆的局面。你去年想要批評的衝動很強烈，因而說過……；但是今年你卻說……

6. 剛換的新辦公室不符合你的期望。不過你的職位還是升遷了，也加薪了，還有一個新頭銜！

7. 你的助理有哼歌的習慣，你就是受不了。

8. 你的孩子們覺得情境喜劇不但有趣，簡直逗笑極了。雖然你覺得這會上癮，不過你還是准許他們每週自己挑一齣節目。

9. 你的姊妹剛換了新髮型，新剪的樣子，顏色也是新染的！你覺得這個髮型不討人喜歡。

10. 有兩個工作夥件剛剛告訴你，他們多愛某位作家的一本新「垃圾小說」。你痛恨垃圾小說，也不喜歡這位作家。

50

寫下你最嚴重的五種頑固，看能不能有彈性一點

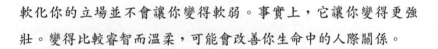

軟化你的立場並不會讓你變得軟弱。事實上，它讓你變得更強壯。變得比較睿智而溫柔，可能會改善你生命中的人際關係。

　　把你最固執的五點寫下來。寫出你為何不願放棄每一點的理由。然後再列出，如果你在每一點上軟化立場時，可能會發生的正面反應。

51

爲了好玩，
同意讓批評的箭頭指向自己
（然後再看著它離開）

我們經常把批評當作一椿緊急事故，急著爲自己辯護，彷彿它是一場戰鬥。這些反應都耗費大量的精力。一個極度有效的練習，就是同意針對你而來的批評。這不但可以化解尷尬的處境，也提供你一個機會可以從別人的角度來瞭解自己。

　　你會爲了一點小小的批評就氣急敗壞嗎？這個題目就是設計來讓你練習把防禦性的反應轉爲學習的。在下列情境中，請寫出以下兩種結果：(a)你的最初反應是爲自己辯護，而說……(b)你反而同意對方的話，說……

1. 最要好的朋友告訴你，你們的友誼變得有點一廂情願。

2. 老闆說你在開會時不說話。

3. 你的另一半說，你近來太「封閉了」，把所有的感覺鎖在心裡。

4. 助理告訴你，你沒有花時間教她需要知道的事。

5. 孩子說你花太多時間在工作上，沒有足夠的時間陪他們。

6. 同事告訴你，你老愛搶風頭。

7. 母親說，你太少打電話給她。

8. 醫師說你的運動量不夠。

9. 近來人人都告訴你要「快樂點」。

10. 浴室的體重計告訴你，你太重了。

52
在別人的話中找眞理

幾乎人人都覺得自己的意見是絕佳的，否則他們就不會跟你分享了。記住，幾乎每個意見都有一些優點，當我們尋找的是優點而非錯誤時，尤其如此。

你能不能在他人的意見中找到一絲眞理？請至少舉出你生命中十個人最近表達的意見來思考，一定是要你反對的意見！把這些意見寫下來，再尋找其中的眞理，有的話就寫下來。

母親	父親	兄弟
姊妹	小孩	配偶
前任配偶	約會對象	宗教領袖
鄰居	朋友	老闆
同事	客戶	助理
精神導師	醫師	律師

抓狂指數記分板
把不在你生命中的人刪除。能讓你找到一絲眞理的每個人的意

見，就算1分。然後除以剩下的總人數，得出一個百分比。

50%以下：你在他人意見中尋找的錯誤多過優點。

50%～75%：你有時會尋找他人意見中的優點。

75%～90%：你的心胸開放。

90%以上：你顯然傾向於尋找他人意見中的眞理。

53
想像玻璃杯已經
打破了（萬物俱碎）

萬物皆有一個起點，也有一個終點。玻璃杯製造出來後，終有一天會打破。你預期東西會打破，當它真的打破時，你就不會大吃一驚，或大失所望。你已經接受萬物的無常了。

　　你可以接受萬物的無常嗎？如果不能，請試試下面的練習。

1. 請寫出你遺失過的重要事物。

2. 你遺失時的最初反應是什麼？

3. 你如何克服失落的感覺？

4. 用一兩句話寫下你從這個經驗中學到的心得。

5. 列舉目前你生命中最重要的五項東西。包括物品、人、工作等等。

131

6. 寫下每一項對你來說為何很重要。

7. 在這些事物成為你生命的一部份前，你的生活是怎樣的？

8. 想像這些事物在明天就從你的生命中消失了。你可以重拾在它們走入你生命之前的生活嗎？他們是用哪一種方式永遠改變了你的生命呢？

9. 「當我失去了某樣重要的事物時，我應該……。」把下面可以幫助你接受玻璃杯已經破碎的反應圈選出來。

老想著損失	否認自己的感覺
珍惜擁有過的美好時光	學著放手
發火	接受事實
感到悲哀	匆忙找代替品
轉移注意力	隱藏我的痛苦
責怪自己	諒解
明白我無法改變事實	怪罪別人

10. 有些選擇是否好像有點曖昧不明？把它們列出來，寫出你為何不確定它們有沒有幫助。

54
了解這句話：
「無論你去哪裡，
你就在哪裡。」

我們總以爲自己如果身在別處，不論是去度假，跟別的夥伴在一起，或是做別的事業，就可以更快樂滿足。其實不然！如果你容易發怒，容易受打擾，如果你感到生氣或挫折，如果你希望事情不一樣，這些類似的傾向就會緊緊跟隨著你走到任何地方去。反之亦然。如果你是個快樂的人，那麼不論你走到哪裡，跟誰在一起，都不會有太負面的影響。

　　你瞭解「無論你去哪裡，你就在哪裡」嗎？如果不明白的話，請回答下面的問題。

1. 把你生命中目前的主要問題列出來。

2. 在上面的清單中，把長期或重複發生的問題圈起來。

3. 如果明天你可以在生命中做一項重大的改變 (新工作、新地點、新人際關係等等)，你會做什麼？

4. 請列舉這項改變可以解決的五個處境或問題。

5. 在上面的清單中，圈選你不必搬家或從一無所有開始，就可以改變的項目。

6. 請列舉在生命中做重大改變可以得到的五項好處。

7. 在上面的清單中，請圈選你在目前處境下可以做到的項目。

8. 請列出不論你做什麼來改變生活，都會隨之而來的負面狀況。這些可以是實際的或觀念上的事。

9. 在上面的清單中，請圈選那些你真的想改變的項目。

10. 好好反省你目前的處境。把你一度不喜歡、可是已不再困擾你的事情或處境列出來。

11. 你做了什麼事好讓上述列出的情境變得更好？請嘗試將那些你用來解決每個問題的策略融會貫通。

55
開口前先呼吸

傾聽是你所能提供的最珍貴的禮物。這個禮物只要透過一個再簡單不過的策略就可以付出。你只要在對方說完話以後，暫停一下，呼吸幾口氣。幾乎立刻產生的功效包括：更有耐心、更有見解、更感激別人！

別為小事抓狂特輯

　　請留心你自己和別人對話的情形。你是否只是在等待輪到你發言的時機？或者真的在聽對方說話？做完這份問卷就曉得。在回答前，你或許可以先吸一口氣，想想答案，再作答。對於每一題，**從未**請計0分，**有時候**請計5分，**大部份時候**請計10分。

1. 你會對談話中的停頓感到不自在嗎？　　　　　　　____

2. 你會對說話緩慢才能切中要點的人，感到不耐煩嗎？　____

3. 你是否只用半個腦子傾聽，另外半個則忙著在想你要
　　說什麼？　　　　　　　　　　　　　　　　　　　____

4. 你會焦慮地等待任何機會，來表達你的觀點嗎？　　　____

5. 你會打斷別人的話或說完他們的句子嗎？　　　　　　____

6. 你會急促地說「是啊，是啊」或「我曉得」，來催促他

人說快一點，好輪到你說話嗎？ ＿＿＿

7. 你會在別人說完話以前，批評他們的觀點或意見嗎？ ＿＿＿

8. 你是否曾察覺你惹惱、困擾、激怒了溝通對象？ ＿＿＿

9. 當人們停下來沈思答案，你會覺得你們彼此
的談話中有很大的鴻溝嗎？ ＿＿＿

10. 當人們在開口前停下來喘口氣，你是否會在
談話中感覺到不自在的時差？ ＿＿＿

抓狂指數記分板

30以下：你偏愛從從容容的談話。

30～60：你缺乏耐心，對於別人所說的話大概也缺乏見解。

60～90：你可能會發現人們在談話中迴避你。

90以上：要是還有人肯跟你說話，實在是一大奇蹟！

　　檢視你的反應。圈出跟你想改變的事有關的部份。並寫下你
對每一項想做的改變。

56
感覺好時要感激，
感覺不好時要保持風度

地球上最快樂的人也不是時時都快樂的。然而，平和、輕鬆的人感覺好的時候，都會心存感激。他們瞭解正、負情緒會來來去去。總有一些時候，他們不會覺得如此之好。對快樂的人來說，事情本來就是如此。所以，當他們感到低潮時，他們也用同樣的開闊和智慧來看待這些情緒，知道這些也會過去。

你感到低潮的時候都怎麼辦？如果你答的是**從未**，計0分；**有時候**，計1分；**常常**，計2分；**總是**，計3分。

1. 我很容易自責。　　　　　　　　　　　　　　____

2. 我很容易怪罪他人。　　　　　　　　　　　　____

3. 我會將問題列成清單。　　　　　　　　　　　____

4. 我會對心愛的人抱怨。　　　　　　　　　　　____

5. 我會找個好的傾聽者訴苦。　　　　　　　　　____

6. 我會沈浸在工作中。　　　　　　　　　　　　____

7. 我會強迫自己整理或清掃。　　　　　　　　　____

8. 我想做一個重大的生活改變。 ___

9. 我會做白日夢來逃避。 ___

10. 我比平常吃得多。 ___

11. 我酗酒。 ___

12. 我抽煙（抽得更兇）。 ___

13. 我服用未經醫生許可的處方藥。 ___

14. 我服用未經醫生許可的成藥。 ___

15. 我吃草藥。 ___

16. 我吃巧克力。 ___

17. 我狂歡虛擲光陰。 ___

18. 我賭博。 ___

19. 我會哭訴。 ___

20. 我會在屋子裡亂丟東西。 ___

21. 我的脾氣變得不好。 ___

22. 我常常咒罵。 ___

23. 我會打架。 ___

24. 我會失蹤一陣子，不告訴任何人我的去處。 ___

25. 我覺得我應該可以振作起來。 ___

26. 我會恐慌。 ___

27. 我會想做別人。 ___

28. 我懷疑誰會愛我。 ___

29. 我猜人們對我的看法很差。 ___

30. 我貶低自己的成就。 ___

31. 我老想著自己的過錯。 ＿＿＿

32. 我懷疑自己的能力和才華。 ＿＿＿

33. 我想我不會更快樂了。 ＿＿＿

34. 我想沒有什麼值得努力了。 ＿＿＿

35. 我懷疑我的人生有什麼意義。 ＿＿＿

抓狂指數記分板

0～10：你從容地處理你的低潮。

10～19：你做對了，但是還應該再放鬆一點。

20～35：你需要做一些改變。

36以上：在處理低潮的時候，最好尋求外援。

別為小事抓狂特輯

57

變成一個比較沒有
侵略性的司機

有三個絕佳的理由可以讓你變成一位比較沒有侵略性的司機。第一，當你太具有侵略性時，你讓自己和周圍的人陷入險境。第二，開車的時候太具侵略性，是很緊張的一件事。第三，你到達目的地時，還是節省不了多少時間！

　　你是一個有侵略性的司機嗎？試試這項練習就曉得。請勾出適用於你的形容。

我很少預留足夠的時間從容抵達目的地。　　　　　　　____
我嘗試盡可能快點切入左邊的車道。　　　　　　　　　____
我嘗試盡可能留在左邊的車道。　　　　　　　　　　　____
我很少查看速度表看看自己開得有多快。　　　　　　　____
我只有在警車接近時才查看我的速度表。　　　　　　　____
我上高速公路時鮮少注意行車速度上限的標示。　　　　____
開車慢的人常惹惱我，除非他們在右邊較遠的車道上。　____
我發現自己在快車道上緊跟著那些開得慢的車子；他們明

明可以選別的車道走啊。　　　　　　　　　　　　____

晚上，我在快車道常會開大燈警告讓我慢下來的人。　____

我常等到最後一刻才切到右車道下高速公路的出口。　____

偶爾，我要橫越過好幾個車道，才不至於錯過出口。　____

警車在附近時，我會遵守交通規則，可是只要它一離

開，我就會立刻加速。　　　　　　　　　　　　　____

儘管喜歡開快車，我相信我真的是優良而安全的駕駛。____

我相信我的本能很敏捷，可以使我免於車禍。　　　____

抓狂指數記分板

低於5分：你大概是很標準的！不過，重溫道路交通規則對你還
　　　　　是有幫助的。

5～8分：你大概在侵略性的開車中過度緊張了。當你開車時太有
　　　　　侵略性，心中有什麼想法？你可以用哪些想法來取代那
　　　　　些讓你感到焦慮的想法呢？請列舉三種可以幫助你改變
　　　　　開車風格的特殊行為。

高於9分：你是在危害自己和周圍的人！請考慮現在就將這個策
　　　　　略付諸實行。請下定決心變成一位比較沒有侵略性的
　　　　　駕駛。把坐在車內的時光想像成放鬆的時刻。列出三
　　　　　項可以幫助你在開車時放鬆的事情。

58
放鬆

當你問別人放鬆的意義是什麼時，大部份答案都會建議，放鬆是你計畫將來要做的事──等你度假時，躺在吊床上就會放鬆；或者等退休、或一切事情都做完時，再做放鬆的事。其實，你現在就可以放鬆！

完全行動手冊

你曉得如何放鬆嗎？完成這項問卷就知道。以下每題有三種描述。請讀完這些描述，再決定哪個較適合你。

1.

____當另一半的計畫跟我的相反時，我總是會跟他爭執，他應該先問過我的。 (1)

____當另一半的計畫跟我的相反時，我有時會跟他爭執。 (2)

____當另一半的計畫跟我的相反時，我從來不跟他爭吵，這沒什麼大不了的。 (3)

2.

____只有重要的時候，我才會跟同事競爭。 (2)

_____ 我從來不跟同事競爭，我們都在同一條船上。 (3)

_____ 我總是跟同事競爭，否則我如何獲得肯定呢？ (1)

3.

_____ 度假時，我會擔心家裡好不好。 (2)

_____ 度假時，我會擔心家裡的安全。 (1)

_____ 度假時，我從不擔心任何事，只是盡情享受。 (3)

4.

_____ 我老是擔心今天髮型不好看。 (1)

_____ 我從不擔心髮型好不好看。 (3)

_____ 只有在特殊場合，我才擔心髮型。 (2)

5.

_____ 停電時，我會點上蠟燭，覺得很浪漫。 (3)

_____ 有時候停電我會害怕。 (2)

_____ 停電時我總是很生氣，而且打電話給電力公司。 (1)

6.

_____ 惡劣天氣毀了我的計畫時，偶爾會困擾我。 (2)

_____ 每次惡劣天氣毀了我的計畫，我都很生氣。 (1)

_____ 當天氣破壞了我的計畫，我就會想這是無能為力的事。 (3)

7.

＿＿＿有時候我的車子進廠，我會抱怨不便之處。 (2)

＿＿＿車子進廠時，我很樂意搭朋友的車子。 (3)

＿＿＿我把車子故障視爲生活中討厭的大事。 (1)

8.

＿＿＿買不到音樂會的入場券時，我只說：「喔，好吧。」 (3)

＿＿＿買不到音樂會入場券時，我會很沮喪。 (1)

＿＿＿音樂會的票賣光時，只有偶爾幾次我會感到困擾。 (2)

9.

＿＿＿辛苦工作一天後，我喜歡向朋友加油添醋地敘說今天發生過的一切。 (1)

＿＿＿辛苦工作一天後，我會在心中重溫發生過的一切。 (2)

＿＿＿辛苦工作一天後，我會做自己最喜歡的菜，而且知道明天會過得更好。 (3)

10.

＿＿＿當我知道趕不上轉機的班機時，我會很著急。 (2)

＿＿＿當我知道趕不上轉機的班機時，我從不著急，我知道還有下一班飛機。 (3)

＿＿＿錯過轉機班機時，我總是會焦急，向航空公司抱怨。 (1)

抓狂指數記分板

21～30：你肯定懂得如何放鬆自己，不把每件事都小題大作。

11～20：還不錯！你只把幾件事情變成悲劇。

1～10：你覺得每一刻都需要戲劇化。其實不然！請對自己說：
「戲劇化是電影裡才有的事」，然後繼續過日子。

59

透過通信認養
一個小孩

不,你不是真的認養了一個小孩,你只是在幫助他脫離困境的同時,又能夠認識他而已。每個月只要捐一筆小錢,就可以幫助一個孩子和他父母的生活所需。你也可以透過定期通信,享受認識那個孩子的喜悅。

　　想一件可以為他人做的善事。現在再想一想,付出所帶來的喜悅。你還在等什麼?

1. 請做一張透過通信認養一個小孩的優缺點清單。

2. 想一想你的清單。透過通信認養一個小孩的好處是否超越你的猶豫不決?為什麼?

3. 你是否曉得有人曾經參與這種認養?如果有,請在下面列出三個你想問他的問題。如果沒有,你可以問兒童福利機構的人員這些問題。

4. 還有沒有其他形式的利他主義行為也同樣吸引你？如果有，
請列在下面。然後寫下一個參與步驟，讓自己開始在這項慈
善事業中做一位活躍的參與者。

60

把你的悲劇
變成一齣喜劇

許多人把人生活得好像一齣悲劇，把小事膨脹成大事。下次你覺得緊張時，請提醒自己，你的人生不是一齣肥皂劇。

完
全
行
動
手
冊

你可以把你的悲劇變成一齣喜劇嗎？對於每個情境，請先答(a)你在悲劇中可能會如何反應？再答(b)你要如何把它變成一齣喜劇？

1. 你剛剛洗好車子，就開始下雨。

2. 你一心以為生日時會收到某個禮物，你的情人卻送給你別的禮物。

3. 你在一個工作升遷機會中被略過了，得到這份職位的人在職時間比你短，而且還沒有經驗。

4. 家人開你的車出去兜風，結果被撞了。

5. 鄰居的狗掙脫了鍊子，踩壞了你花園中名貴的植物。

6. 你被炒魷魚了。

7. 你正在做一份特別、浪漫的晚餐，卻把食物燒焦了。

8. 你正盼著家人來幫你做一件家事，可是他卻在前一天摔斷了手臂。

9. 你的牆壁有裂縫，暴風雨的時候滲水進來了。

10. 你的家庭工作室計畫看起來很棒，結果卻行不通。

11. 你的約會對象在最後一秒鐘取消約會。

12. 你被倒了一身垃圾。

13. 你的智齒必須拔掉。

61

用全然不同的
觀點閱讀文章和
書籍，試著學一點東西

你有沒有注意過，你所閱讀的一切都合理化了自己對人生的意見與觀點？這份固執是很可悲的，因爲我們原本可以從不同的觀點那兒學到許多事情。另外一個可悲的原因是，固執費力封閉我們的心，製造了許多內在壓力。

　　請放鬆戒心，試著學一些新東西！下面這些事你做過了多少，以開闊自己的心胸？把它勾選出來。

讀一本跟你的政治立場對立的雜誌。　　　　　　　　　____
訂閱一本跟你的政治立場對立的雜誌。　　　　　　　____
讀一本以異性爲訴求的雜誌。　　　　　　　　　　　____
讀一本反映不同生活型態的雜誌。　　　　　　　　　____
讀一本以別的種族爲訴求的雜誌。　　　　　　　　　____
讀一本傳播另一種宗教信仰的雜誌。　　　　　　　　____

讀一本你不熟悉或完全不懂主題的雜誌。　　＿＿

讀一篇你強烈反對的人所寫的社論。　　＿＿

讀一篇以煽動民意為目的的文章。　　＿＿

讀一本你討厭的人所寫的書。　　＿＿

讀一本關於你討厭的人的書。　　＿＿

讀一本宣稱駁斥你所堅持的立場的書。　　＿＿

讀一本跟你的信仰不同的宗教書籍。　　＿＿

讀一本攻擊你的宗教的書。　　＿＿

讀你半信半疑的保健作法。　　＿＿

讀一本宣稱有你所不相信的超自然證據的書籍。　　＿＿

讀一本處理你反對的生活型態議題的書籍。　　＿＿

收聽你討厭的人所主持的廣播談話節目。　　＿＿

用收音機聽你不喜歡或所知不多的音樂。　　＿＿

觀賞一齣跟你所討厭的人有關的電視節目。　　＿＿

觀賞一齣提倡跟你對立的觀點的電視節目。　　＿＿

觀賞一齣你對主題所知不多或完全不知道的電視節目。　　＿＿

觀賞一齣不同宗教信仰的傳道電視節目。　　＿＿

參加一個你所知不多或完全不懂主題的計畫。　　＿＿

參加一個你不同意其觀點的人的談話。　　＿＿

參加一場你所知不多或不喜歡的音樂會。　　＿＿

參加一場你不贊成的小組會議。　　＿＿

參加別的宗教聚會。　　＿＿

選一位爭議性老師的一門課程。　　＿＿

跟政治立場與你相左的人交朋友。　　　　　　　　　　——

跟政治立場與你相左的人約會。　　　　　　　　　　　——

學習外國文化以開拓你的知識。　　　　　　　　　　　——

參加文化交流計畫。　　　　　　　　　　　　　　　　——

在辯論中為一項不受歡迎的立場說話。　　　　　　　　——

研究你國家或種族宣稱的敵人的觀點。　　　　　　　　——

跟你國家或種族的歷史敵人說話。　　　　　　　　　　——

參加你國家或種族的歷史敵人進行的計畫。　　　　　　——

追蹤

檢視你未勾選的項目。為了開闊心胸，請試著參加可以讓你開拓
視野的場合。

62
一次做一件事就好

我們多常一次做一件以上的事情？當你一次做太多事時，是不可能把心放在此時此刻的。你不但無法享受目前正在做的事，而且也比較不專心，效率比較差。

　　你是不是嘗試一次做好幾件事情？把適合你的描述勾選出來。

我試著一邊沖澡一邊煮咖啡。　　　　　　　　　　　　　____

通常，早上我會一邊喝第一杯咖啡一邊穿衣服。　　　　____

我在開車上班途中就會搶先用大哥大打工作電話。　　　____

我會利用紅燈、收費站或塞車時讀早報。　　　　　　　____

我每天早上在車子裡聽整點新聞。　　　　　　　　　　____

我在電腦前工作時會一邊聽音樂或廣播談話節目。　　　____

在家時，不論我在做什麼，電視總是開著！　　　　　　____

我常常在做家事時，打電話給朋友。　　　　　　　　　____

做運動時，我喜歡邊聽音樂或邊看電視。　　　　　　　____

出去吃飯或看電影時，我會隨身帶著大哥大。　　　　　____

工作時只要我的電話沒有響個不停，就不知道該怎麼辦。　　＿＿

我有三條電話線，可以同時傳真、打電話和收電子郵件！　　＿＿

我晚上看電視的時候還忙著整理帳單。　　　　　　　　　＿＿

上床以前，我會同時讀書和聽廣播。　　　　　　　　　　＿＿

抓狂指數記分板

低於5分：你很標準。不過，你可能正在喪失做事情的喜悅！

5～8分：你大概沒有你應有的專心和效率。

　　　　你可以做些什麼來提高注意力呢？列舉一些可以幫助你
　　　　專注於你正在做的事情的方法。

　　　　你是否覺得專心做一件事情，比較享受？請解釋。

高於9分：你沒有把注意力放在此時此刻。請試著安排一段時
　　　　間，一次只做一件事。然後再答以下的問題：

　　　　比較不分心的時候，你是不是比較專注，對你所做的
　　　　事情也比較感興趣？

　　　　你有沒有發現一次只做一件事，會較快而有效率？

63
數到十

每當你感到生氣時，請試試這樣做：長長、深深地吸一口氣，同時大聲對自己數一。然後，在吐氣時放鬆全身。數二的時候重複這個過程，就這樣慢慢數到十。數數和呼吸的組合讓人放鬆，等你數完時，氣也全消了。

自己做一張雙欄表格，左欄寫下你在生什麼氣，右欄則記錄你數到十以後的感受。你是否覺得數數和呼吸有助於澄清你的心靈，像一次迷你打坐一樣？

64
練習處在
「暴風眼」中

如果我們也能夠在一團混亂中保持冷靜和安寧，就像處在暴風眼之中，那該有多好。這比想像中容易。請從一個沒有傷害性的場合開始，好比家庭聚會。處在混亂的場合時，告訴自己，你要保持冷靜。你可以練習呼吸，也可以練習傾聽。做和平的模範。以後，你可以再練習比較困難的人生層面。

　　你能學會處在「暴風眼」中嗎？完成這份問卷就曉得。請讀完三組陳述，再決定哪一組較適合你。然後把分數寫在空格處。

1. 在公司的假日宴會中，我：

＿＿＿一定會跟所有的經理握手。 (2)

＿＿＿不論跟誰說話，都會度過愉快的時光。 (3)

＿＿＿跟最親近的同事混在一起，抱怨我的工作。 (1)

2. 最要好的朋友被送去急診，我會：

＿＿＿要求跟醫師說話，瞭解發生了什麼事。 (2)

_____理性地跟醫院員工說話，問出究竟發生了什麼事。 (3)

_____驚聲尖叫，直到有人來跟我說話爲止。 (1)

3. 如果我搭通勤公車去上班，中途車子故障了，我會：

_____幫助乘客下車，再問司機我能幫什麼忙。 (3)

_____向鄰座的人抱怨我上班會遲到。 (2)

_____勃然大怒。 (1)

4. 我答應要陪孩子做田野遠足：

_____如果有別的小朋友問我問題，或老師要我幫忙，我會覺得受到騷擾。 (1)

_____我會問老師許多問題，以免犯錯。 (2)

_____只要有需要，我就主動幫忙。 (3)

5. 在家庭聚會上，我會：

_____懷疑是否有人知道我們的食物快吃光了。 (2)

_____向見到的每個人指出，我們的食物快吃完了。 (1)

_____沈著地通知外燴人員，我們需要更多食物。 (3)

6. 在劇院或體育館外面等著要簽名時，我會：

_____拼命推擠以免受到忽略。 (1)

_____耐心等待輪到我。 (3)

_____拿到簽名後還逗留在那兒。 (2)

7. 在家庭團聚宴會中，我會：

____在人們準備的時候礙手礙腳。 (1)

____查看食物盒子，看看別人帶了什麼來。 (2)

____不礙事，主動幫忙。 (3)

8. 我的孩子要求要開第一次男孩女孩派對，我會：

____沈著地幫孩子計畫，並解釋規則。 (3)

____在計畫的時候感到慌亂，想到可能出錯的一切。 (2)

____要孩子自己計畫，然後擔心不曉得會發生什麼事。 (1)

9. 工作任務小組領導人生病了，我會：

____表達我對無法完成工作任務的焦慮。 (1)

____告訴老闆，我懷疑我們無法成功。 (2)

____鼓勵同事我們一定做得到，並且建議如何繼續。 (3)

10. 有天晚上跟一群朋友出去，有人脫隊，我會：

____很擔心，心想一定出事了。 (2)

____請朋友分組分頭去尋找脫隊的朋友。 (3)

____感到恐慌，建議打電話報警。 (1)

抓狂指數記分板

21～30：你在大部份的壓力情形下可以保持冷靜。

11～20：你在某些情形下可以保持冷靜，有些時候則很緊張。

1～10：你會被人生意外的風暴所困住。請試著找一個沈靜的角
落喘口氣。你很快就會發現自己身在暴風眼中，而非狂
風肆虐的暴風圈中。

65

在你的計畫中
保持改變的彈性

把更有彈性當作目標！奇妙的事情就會開始發生：你會感到更放鬆。你甚至可以變得更有效率，因為你不必把精力浪費在生氣或煩惱上。你周圍的人也會變得更自在。即使你的計畫不得不更改時，他們也不會覺得在你身旁如履薄冰。

你的計畫有沒有保持改變的彈性？你在下面的情況下曾經怎麼做或會怎麼做？如果沒有保持改變的彈性，你又會怎麼做？

1. 你剛剛在家開始做某件工作，家人卻宣佈「立刻」要你載他去某個重要地方。
2. 你心中已經盤算要如何花費年終獎金，結果獎金卻縮水了。
3. 你已經準備好要去度假，家裡卻突然有人生病了。
4. 你必須出城去開會，卻被暴風雨困在家裡。
5. 你計畫熬夜完成一項緊急工作，卻睡著了。
6. 你本來應該會升遷，結果卻被開除了。
7. 你在餐廳等候約會對象，對方卻打電話來取消。

8. 你本來要靠家人幫你做一件家事，可是這位家人卻接到一通電話，出門去見朋友了。

9. 你本來計畫單獨過個安靜的週末，可是父親或母親卻來電說他們想要過來。

10. 你的家庭維修工程已經開始，但將會超過預算。

11. 你只有剛剛足夠的時間可以趕去劇院，卻被塞在車陣中。

12. 你計畫上一所特別的研究所，可是沒有獲得入學許可。

13. 你本來希望孩子可以做特別的行業，他卻因為殘障而無法如你所願。

別為小事抓狂特輯

66
想想你擁有什麼，
而非你想要什麼

幸福的處方之一，是將我們的想法從我們想要什麼轉為我們擁有什麼。每次你發現自己又落入「真希望我的人生換個樣子」的陷阱時，請退後一步，重新來過。做一口深呼吸，想想你已擁有而應該心存感激的一切。

　　你是否老想著你要什麼，而非你擁有什麼？下面的是非題練習可以幫你找出有問題的部份。

一般說來，我很滿足我所擁有的一切。　　　　　　　　　＿＿＿

有時候我會嫉妒朋友的財產。　　　　　　　　　　　　　＿＿＿

考慮買東西的時候，我會想像朋友們有多麼羨慕我。　　　＿＿＿

新就更好。　　　　　　　　　　　　　　　　　　　　　＿＿＿

年輕時我更快樂。　　　　　　　　　　　　　　　　　　＿＿＿

達到努力的目標後，我發現自己很失望。　　　　　　　　＿＿＿

凡事都沒有最初看起來那麼好。　　　　　　　　　　　　＿＿＿

我要是更有錢，就會更快樂。　　　　　　　　　　　　　＿＿＿

沒有人會真的對自己所擁有的感到滿足。　　　____

我可以預見自己幾年後會是一個快樂的人。　　　____

我負債去買一部拉風的汽車或富麗堂皇的住宅。　____

我花費更多時間在想事情看起來如何，而非感覺如何。　____

接下來問你自己：

1. 請列舉生命中帶給你幸福的事情。

2. 想一想你清單上的項目。想像你擁有這些東西之前的生活。圈出以前沒有它們的時候也活得很滿足的項目。被圈出來的項目之間有什麼共通點？

3. 請列出你以為可以帶給你幸福，結果卻教你大失所望的東西。這些東西有什麼共通之處？

4. 請說出一些屬於別人，可是你很希望自己能夠擁有的東西。想一想這個人。他是否比你更快樂？你有什麼東西是這個人所沒有的？你願意跟這個人易地而處嗎？

別為小事抓狂特輯

67

練習不理會 你的負面想法

據估計，人類平均每天動五萬個念頭。有些想法是正面的，其他的則是負面的。實際上說來，處理負面想法時你只有兩個選擇。你可以鑽牛角尖，也可以學著不理會他們。

你有沒有嘗試過不理會負面想法？下面就是人們共有的一些負面想法，看看它們讓你鑽牛角尖的影響有多大？如果**完全沒有**，就計0分；**一點點**，計1分；**一些**，計2分；**很多**，計3分。列出其他會讓你鑽牛角尖的負面想法。如果你選的大部份是「一些」和「很多」，你就需要練習不理會你的負面想法。

1. 我看起來很老。　　　　　　　　　　　　　　　　——
2. 我看起來很胖。　　　　　　　　　　　　　　　　——
3. 我的衣服一團糟。　　　　　　　　　　　　　　　——
4. 家裡一團混亂。　　　　　　　　　　　　　　　　——
5. 我無法打理自己的生活。　　　　　　　　　　　　——
6. 我很怕被炒魷魚。　　　　　　　　　　　　　　　——

完全行動手冊

7. 我的朋友們在背後說我的閒話。　　＿＿＿

8. 這份工作（課程）真是一大浪費！　　＿＿＿

9. 我絆了一跤摔倒時，看起來真像個白癡。　　＿＿＿

10. 有件壞事將會降臨在我的房子上。　　＿＿＿

11. 我的另一半真的不愛我。　　＿＿＿

12. 我快遲到了。　　＿＿＿

13. 我被騙了。　　＿＿＿

14. 我媽媽（爸爸）會對我的生活方式說些什麼呢？　　＿＿＿

15. 這份食物很糟。　　＿＿＿

16. 我不想說什麼。　　＿＿＿

17. 我從來都得不到我想要的。　　＿＿＿

18. 我沒有足夠的時間。　　＿＿＿

19. 不曉得我的禮物夠不夠好。　　＿＿＿

20. 我的電腦真是教我煩惱。　　＿＿＿

21. 這一帶鄰里（這座城市）很臭。　　＿＿＿

22. 我會發生一次汽車意外。　　＿＿＿

23. 我快要生病了。　　＿＿＿

24. 答錄機壞掉時，我真的很生氣。　　＿＿＿

25. 我要是迷路該怎麼辦？　　＿＿＿

26. 我快丟飯碗了。　　＿＿＿

27. 別人要問我一件我不知道的事，我會出糗。　　＿＿＿

28. 真希望老闆（配偶、伴侶、約會對象）閉嘴。　　＿＿＿

29. 媽媽（爸爸）突然出現，真的把我搞得一團亂。　　＿＿＿

30. 反正不會奏效，我還是放棄算了。 ____

31. 我快灑出某個東西了，看起來真是笨手笨腳。 ____

32. 我好無聊，真希望不必在這裡（做這個）。 ____

33. 今天早上我鎖門了嗎？ ____

34. 我有沒有關爐子上的燈？ ____

35. 今天的天氣看起來真糟糕。 ____

36. 我對運動不在行。 ____

37. 我的客戶不會出現。 ____

38. 如果不曉得答案，我看起來就像個傻瓜。 ____

68
虛心向
朋友和家人學習

通常最親近的人了解我們最多。他們有時可以看出我們的自欺行為，可以提供我們簡單的解決之道。如果我們太自負或太固執了，不肯學習，我們就錯失改善人生的簡單妙方。

　　你願意虛心向朋友和家人學習嗎？請挑選一位你覺得可以在人生每個特殊領域裡給你建議的人。然後寫下他們給你的勸告。這可能讓你少吃許多苦頭！

公事	個人理財	跟孩子交流
認識新朋友	時間管理	平衡工作和娛樂
吃得更健康	多運動	較不獨斷
做更好的傾聽者	練瑜伽	更有同情心
開放心胸	活在當下	少批評
更謙虛	更有耐心	助人
不理會負面想法	更有主張	

69
滿於現況

我們之中有許多人都不斷延後享受自己的幸福。我們告訴自己，等帳單付清，等我們完成學業，找到第一份工作，或是升遷以後，我們就會快樂起來。事實上，沒有任何時刻比現在更快樂。

你是否對現況感到滿意？請回答這份問卷。你**很同意**的陳述計10分，**有點同意**的計5分，**不同意**的計0分。

我將會更快樂，如果：

1. 我賺更多錢。　　　　　　　　　　　　　　　____

2. 我升官。　　　　　　　　　　　　　　　　____

3. 我有一間更好的辦公室。　　　　　　　　____

4. 我跟別人共事。　　　　　　　　　　　　____

5. 我有更好的汽車。　　　　　　　　　　　____

6. 我住在不同的社區 (城鎮、都市等等)。　____

7. 我搬到一個比較大的地方。　　　　　　　____

8. 我可以按照我的想法佈置我的地方。　　____

9. 我可以買更華麗的衣服。　　　　　　　____

10. 我可以跟別人發生感情。 ____

11. 我的另一半可以幫我按摩肩膀。 ____

12. 我的另一半更支持我。 ____

13. 我的婚姻狀態有所不同。 ____

14. 我有孩子的話（我沒有）。 ____

15. 我可以減輕體重。 ____

16. 我的肌肉更有力。 ____

17. 我可以去夏威夷度假。 ____

18. 我擁有一輛跑車。 ____

19. 我的親戚比較容易相處。 ____

20. 冬天（夏天等等）已經過去。 ____

21. 沒下雨（下雪、太熱等等）的話。 ____

22. 我現在正在做別的事。 ____

23. 我認識更多有趣的人。 ____

24. 我有貴人。 ____

25. 我是一個更重要的人。 ____

26. 我可以改變我的職業生涯。 ____

27. 我可以換鄰居。 ____

28. 我可以讓配偶（伴侶、約會對象）更瞭解我。 ____

29. 我們有新選上的官員。 ____

30. 我所居住的地區會降低稅率。 ____

31. 我的錢投資得更好。 ____

32. 我可以完成所有的工作。 ____

33. 我可以在工作上達到更高職位。　　　　　　____

34. 我可以更有政治知識。　　　　　　　　　　____

35. 我可以更勝任工作。　　　　　　　　　　　____

36. 我不必跟任何權威人士打交道。　　　　　　____

37. 我不必花時間跟姻親相處。　　　　　　　　____

抓狂指數記分板

100以下：你目前相當快樂。

100～190：有時你會讓過去的遺憾和未來的憂慮干擾目前的生
　　　　　活。

195～250：你太常懷念過去或擔憂將來。

255以上：你急需尋找方法活在當下，將自己的人生視為有意義
　　　　　的生活。

70
記住，你會變成
你最常練習的樣子

你最常練習什麼，就會變成什麼。如果你習慣變得焦躁不安、自
我辯護或者把人生當作緊急事故，那麼你的人生就會反映出這類
練習的結果。相反的，你可以選擇鍛鍊同情心、耐心、和藹與謙
虛的特質，方法就是勤加練習。

　　你有沒有練習想要的生活方式？讀完下面的每題陳述。然後
圈選出哪種感覺最適合描述你在那個情境中表現的情緒。

1. 有位同事升官了。

　　　生氣　　　悲傷　　　緊張　　　快樂　　　接受　　　瞭解

2. 你得到一項新任務。

　　　生氣　　　悲傷　　　緊張　　　快樂　　　接受　　　瞭解

3. 姻親來作客。

　　　生氣　　　悲傷　　　緊張　　　快樂　　　接受　　　瞭解

4. 有個朋友侮辱你。

　　　生氣　　　悲傷　　　緊張　　　快樂　　　接受　　　瞭解

5. 你不喜歡一個朋友的新男友／女友。

　　　生氣　　　悲傷　　　緊張　　　快樂　　　接受　　　瞭解

6. 父母懷疑你為何從來不打電話回家。

　　　生氣　　　悲傷　　　緊張　　　快樂　　　接受　　　瞭解

7. 你和配偶起爭執。

　　　生氣　　　悲傷　　　緊張　　　快樂　　　接受　　　瞭解

8. 一位鄰居指控你不替別人設想。

　　　生氣　　　悲傷　　　緊張　　　快樂　　　接受　　　瞭解

9. 有位同事搶了你的功勞。

　　　生氣　　　悲傷　　　緊張　　　快樂　　　接受　　　瞭解

10. 你被困在電梯中。

　　　生氣　　　悲傷　　　緊張　　　快樂　　　接受　　　瞭解

11. 你期盼的某件事被取消了。

　　　生氣　　　悲傷　　　緊張　　　快樂　　　接受　　　瞭解

12. 你的汽車進場修理了一個禮拜還出不來。

　　　生氣　　　悲傷　　　緊張　　　快樂　　　接受　　　瞭解

13. 老闆立刻要見你。

　　　生氣　　　悲傷　　　緊張　　　快樂　　　接受　　　瞭解

14. 你發現新朋友有個令人討厭的習慣。

　　　生氣　　　悲傷　　　緊張　　　快樂　　　接受　　　瞭解

15. 有個人出乎意料地告訴你他愛你。

　　　生氣　　　悲傷　　　緊張　　　快樂　　　接受　　　瞭解

抓狂指數記分板

數一數你所圈選的答案。

●生氣、悲傷和緊張是負面情緒。如果你大部份的答案都圈中這些，你可能要練習對周圍的人和事做出更正面的反應。

●快樂、接受和瞭解都是正面情緒。如果你所圈選的答案多半屬於這一類，你已經走對路，過著比較沒有壓力的人生了！

別為小事抓狂特輯

173

71

靜下心來

一顆安靜的心是內在平安的基礎。內在的安寧會影響外在的平靜。每天只要花五分鐘到十分鐘，你就可以訓練自己的心靜止不動。這份寧靜可以融入你的日常生活，讓你有寬廣的視野，可以把事情看成「小事」，而非緊急事故。

你曉得如何靜下心來嗎？這裡有一些建議。

1. 請深深吸一口氣，想一個舒服的地方。它可能是你小時候去過的地方，或者只存在於你心眼裡的地方。請閉上眼睛片刻，想像這個地方，並寫下你看見了什麼。

2. 再深深呼吸一次。這個特別的地方聞起來怎麼樣？你聽到了什麼聲音？你有沒有在那個地方看見自己？如果有，你在做什麼？

3. 寫下這個安靜的地方對你來說為何如此特別的其他原因？

4. 列舉出其他可以放鬆你心靈的地方和想法。每當你需要一點
安寧和平靜時，就想一想它們。

5. 為你的寧靜天地畫一張簡單的圖畫，或者畫出平順、流暢的
外形圖。把你自己投射在圖畫中，進入一個可以讓你的心靈
休息的寧靜天地。

別
為
小
事
抓
狂
特
輯

72
學習瑜伽

瑜伽是一種廣受歡迎、極為有效的可以讓人放鬆的方法。它做起來很容易，每天只花幾分鐘。而且，任何年齡和健康情況的人都可以學習。

你有沒有做過瑜伽？下面的是非題練習可以幫助你找出對於練瑜伽的誤解和排斥。

我以為瑜伽是很難練的。　　　　　　　　　　　＿＿＿

我以為瑜伽很花時間。　　　　　　　　　　　　＿＿＿

我以為運動員才能練瑜伽。　　　　　　　　　　＿＿＿

我以為只有年輕敏捷的人可以練瑜伽。　　　　　＿＿＿

我以為要加入健身房才能練瑜伽。　　　　　　　＿＿＿

我以為只有跟隨特殊的訓練師才能學瑜伽。　　　＿＿＿

我以為需要許多空間和設備才能練瑜伽。　　　　＿＿＿

如果你對這些問題中的任何一題回答「是」，再想一想！所有的答案都是「否」。人人都可以練瑜伽，不論你是年輕人還是

老年人，身體是否健康。瑜伽在任何地方都可以練習：在家裡，在辦公室，或是健身房，只要你喜歡就好。練瑜伽花不了多少時間，也不困難。你不需要買時髦的慢跑鞋或昂貴的運動服。一天花幾分鐘做幾種簡單的練習，就能達到驚人的好處。

當然了，你也可以去上特殊課程來學瑜伽。許多健身房和社區中心都有瑜伽課程。可是如果你想要今天就自己平和地開始，你也可以用教學錄影帶和書籍來學習。只要開始播放錄影帶，指導者就會出現在你面前，準備教你瑜伽的好處。

你想練習瑜伽能給你什麼好處呢？回答下面的是非題。

瑜伽可以加強肌肉。 ——

瑜伽可以讓我的身體更有彈性。 ——

瑜伽可以幫助我減輕壓力。 ——

瑜伽可以給我一種平安的感覺。 ——

瑜伽可以澄清我的心靈。 ——

瑜伽可以增進我的活力。 ——

這一切陳述當然都是對的。對許多人來說，瑜伽是減輕壓力、得到平靜感覺、增進精神集中和注意力，以及使身體柔軟的一種極佳方法。

你應該試試瑜伽嗎？請圈選下面的是非題。

我想要更放鬆點。　　　　　　　　　　　　──

我想要減輕壓力。　　　　　　　　　　　　──

我每天需要幾分鐘安靜的時間。　　　　　──

我想要感到更平安。　　　　　　　　　　　──

我希望我的身體可以更強壯點。　　　　　──

　　如果你的答案多半是肯定的，你或許應該試試瑜伽了！

73

讓服務變成你 生命中的一部份

如果你的目標之一是服務助人，你一定會找到最合適的方法。服務他人的機會是無窮的。你將會發現，當你更大方的付出自己，你就會經驗到夢想不到的平安感受。人人都獲益，尤其是你。

服務助人是你生活中的一部份嗎？在下面這些事當中，去年你做過多少？把做過的都勾出來。未來這一年，你想自己還可以再勾出幾項？

＿＿＿花點時間傾聽。

＿＿＿在有需要的時候給別人一個擁抱。

＿＿＿幫助別人做功課。

＿＿＿扶起跌倒的人。

＿＿＿捐錢給慈善機構。

＿＿＿奉獻時間和精力給慈善機構。

＿＿＿奉獻物品給慈善機構。

＿＿＿幫助別人抬起重物。

_____為人指路。

_____把別人遺落的東西還給人家。

_____幫忙尋找失物。

_____在情感上支持別人。

_____讓位。

_____收留別人住在家裡。

_____跟人分享你所知道的事。

_____教別人做事。

_____幫忙修理壞掉的東西。

_____幫年長者做事。

_____慰問病人。

_____為病人準備食物。

_____在工作上指點別人。

_____幫助別人找工作。

_____幫助別人克服恐懼。

_____幫別人計畫一場宴會。

_____給你所愛的人一點時間。

_____幫忙照顧孩子，好讓一位疲憊的父母可以休息一下。

_____幫鄰居做點小事，卻不邀功。

_____幫去度假的鄰居看房子。

_____幫去度假的鄰居照顧寵物。

_____開車載一個不會開車的人去某個地方。

_____為盲人帶路。

____為盲人錄音。

____把某個東西借給有需要的人。

____叫醒別人以免睡過頭。

____陪需要人陪伴的人熬夜。

____幫忙調解糾紛。

____自願做社區服務。

____在機構中的委員會服務。

____在組織中競選一個職位。

74
幫人一個忙，
但是不要求或期待回報

當我們幫別人忙時，幫了就好，你就會注意到一種輕鬆平安的美好感覺。就像激烈運動會促使你的腦部釋放出內啡肽，讓你的身體感到舒服，日行一善也可以釋放出愉快的情緒效果。

　　你最近有沒有幫過誰，做過善事？想想下面的問題。

1. 想想看你上一次為別人做過的善事。

　　a. 你做了什麼？為誰做的？

　　b. 做善事帶給你什麼感覺？

　　c. 那個人的反應是什麼？

　　d. 你期望得到什麼回報？

2. 想一想上次別人為你做的善事？

　　a. 是什麼事？誰做的？

　　b. 這個善行帶給你什麼感覺？

　　c. 你有沒有做什麼去回報對方？

3. 想想下個星期你可以為周圍的人做的五件事，列出來。

4. 在完成每件善行後，想一想你的感受。把你的感覺寫下來。

5. 想一想你期待什麼回報？一定要誠實面對自己。把你的期望
寫下來。

　　如果想了很久以後，你還是讓第五題保持空白，恭喜你了！
你已經又在消除生命中另一個領域的壓力了！

別
為
小
事
抓
狂
特
輯

75

把你的問題
想成潛在的老師

問題的形式、大小和嚴重程度或許有差別，卻有個共通點：他們
提供的是我們不想要的東西。當我們接受問題爲人生不可避免的
一部份，當我們把它視爲潛在的老師，我們的肩頭就如釋重負。

　　你可以把問題想成潛在的老師嗎？想一想下面每個潛在的問
題。再寫下它如何可以變成一個學習的經驗。

1. 你的車子壞了，要一個星期才能修好。

2. 你的有線電視頻道故障了。

3. 在工作上你接到一個重大任務，截止時間卻又很緊迫。

4. 醫師告訴你，你的膽固醇過高。

5. 銀行拒絕你的貸款。

6. 你在交新朋友，而他喜歡的某件事是你以前很討厭的。

7. 鄰居每週六早上一大清早做家事時，都會吵醒你。

8. 你終於決定註冊去上一門一直想上的成人教育課程，可是這門課的名額已經滿了。

9. 你正計畫週末出門去度假，有個姪女或姪子卻突然通知你他要進城來，來你家借住。

　　現在寫下你最近個人碰到的一個問題。別忘了寫下你從中學到什麼。

76
安於「不知道」

事實上，我們不曉得將來會發生什麼事，我們只是以為自己知道。我們常常把小事看成天大的事。大部份時候我們都錯了。如果我們保持冷靜，向所有可能性敞開心胸，我們可以合理地推測，最後，一切終將安好。

完全行動手冊

你能安於「不知道」嗎？完成這份問卷就知道。請讀完每一題的三種描述，再決定哪個比較適合你。把分數填在空格處。

1. 我跟老闆發生爭執，不曉得飯碗還保不保得住。

____在老闆再次跟我說話前，我可能會擔心衝突的後果。 (2)

____我完全不擔心；反正沒有幫助。 (3)

____在老闆再次跟我說話前，我一定會擔心。 (1)

2. 我目睹了父母之間的爭執，不曉得接下來會如何演變。

____我想像父母會離婚。 (1)

____我會打聽一個婚姻諮商顧問介紹給他們。 (2)

____我會推想我的父母大概只是需要化解誤會。 (3)

3. 上司要離去就任新職，不曉得這對我的職位會有何影響。

_____我準備用良好的印象來歡迎接替上司職位的人。 (3)

_____我想這大概也是我找新工作的時候了。 (2)

_____我相信新上司會找個朋友來取代我。 (1)

4. 另一半得到一個調職的機會，我不曉得我們應該怎麼做。

_____我冷靜地跟另一半討論我們的選擇。 (3)

_____我歇斯底里地想著如何適應新生活。 (1)

_____我扮演犧牲者的角色，要另一半自己做決定。 (2)

5. 我很想去度假的休閒場地因為要翻修而關閉了，我又不曉得
另外一家旅館怎麼樣。

_____我很失望，但是完全不抱期望地前往。 (2)

_____我很失望，但保持開放的心胸；那家旅館說不定更好！ (3)

_____我很失望，所以取消了這次旅行。 (1)

6. 我的車子終於壞到不能再修了，我又不確定要不要買新車。

_____我愛我的舊車，我永遠無法習慣開新車。 (1)

_____我愛我的舊車，可是該是換車的時候了。 (2)

_____我愛我的舊車，可是我等不及要開新車了。 (3)

7. 我的辦公室正在更換新的電腦系統，我不曉得如何使用它。

_____我很興奮要學新東西。 (3)

_____我勉強同意學新電腦課程。 (2)

_____我拒絕學新系統，因為我永遠無法瞭解它。 (1)

8. 我最喜歡的菜餚已經賣完了，我不曉得該點什麼。

_____如果點別的，我可能會不喜歡。 (2)

_____如果點別的，我可能會很喜歡。 (3)

_____我不想要別的，所以就離開餐廳。 (1)

9. 我最要好的朋友逼我去參加宴會，我不曉得會怎樣。

_____我知道我一定會度過一段無聊的時光。 (1)

_____我有一半的機會會不開心。(2)

_____不論宴會中有些什麼人，我都會好好玩。 (3)

10. 我收到了一封掛號信，不曉得會是什麼事。

_____打開信封前，我永遠不曉得是好消息或壞消息。 (3)

_____我確定這是壞消息，不過還是把信封打開了。 (2)

_____我確定這是壞消息，所以拒絕簽收。 (1)

抓狂指數記分板

21～30：你曉得如何順應潮流。

11～20：你還需要練習別讓未知的事讓你煩心，順其自然吧。

1～10：未知讓你感到害怕和焦慮。請告訴自己一切都會順利解
　　　決。它們很可能會的。

別為小事抓狂特輯

77
接受百分之百
的自己

大部份人常常否認自己無法接受的部份。當你承認自己不完美的
那一面時，某件神奇的事情就會發生。隨著認同你的負面部份，
你也將開始發現正面的你，那個美妙部份的你，可能是你以前沒
有認可或注意到的。

你有沒有用和藹和包容來對待自己？試試下面的測驗就知
道。請回答下面的是非題。一定要誠實面對自己！

當我無法完成簡單工作，如遵循食譜時，我會責罵自己。　____
當人們對我期望太高時，我會感到極度緊張。　　　　　____
當別人指出我的缺點時，我會感到灰心極了。　　　　　____
當我不瞭解某件我覺得自己應該知道或瞭解的事情時，我
就會感到極度挫折。　　　　　　　　　　　　　　____
當人們對某件事的反應不如我預期，我就會心情不好。　____
不小心讓別人出醜或說錯話後，我都會難過好幾天。　____
當朋友的計畫不包括我，不知為什麼我都會很傷心。　____

抓狂指數記分板

　　如果你對這些問題的答案多半是否定的，那就恭喜你了！你沒有讓小事困擾你，你的負面情緒似乎也都控制得很好。

　　如果你的答案大部份都是肯定的，就要明白這些情緒都是你的一部份。往後當它們失去控制時，你就可以試著控制它們了！

別為小事抓狂特輯

78

讓自己放鬆一下

不要擔心自己是否完美！許多時候你都會失去平衡，當你繃得太緊，深感挫折，緊張兮兮，反應過度時，都會如此的，習慣就好。失去平衡時只要重新開始就好了。把你的錯誤看作是學習的機會。

你可以讓自己放鬆一下嗎？圈選出十種去年讓你失去平衡的人、情境或事情。並寫下你從每個事件中學到什麼收穫。

母親	父親	兄弟姊妹
祖父母	叔伯姨姑	表兄弟姊妹
子女	孫子女	配偶
前任配偶	約會對象	寵物
宗教領袖	鄰居	朋友
醫師	店員	送貨員
修理工	服務生	電話行銷人員
乞丐	老闆	電腦
汽車	裝備	惡劣天氣

塞車	旅行出問題	丟了什麼
錯放了什麼	訂位出問題	計畫的時間快不夠了
某件要事遲了	無法想出某件事	受到不公平的責怪
生病	感到沮喪	

別為小事抓狂特輯

79

停止怪罪他人

當事情不符合我們的期望時，許多人都以為這一定是別人的錯。怪罪他人的想法已經在我們的文化中變成稀鬆平常的事。它讓我們從來不必完全為自己的行為、問題或幸福負責。

想一想你這一生是否曾經怪罪過下列這些人：助理、同事、老闆、好友、配偶、前配偶、子女、父母等？列出你怪罪他們什麼。現在考慮一下你自己的責任。並把它寫下來。

1. 承認自己的責任有沒有幫助你感覺到重獲個人力量？有沒有幫助你把自己視為一個做選擇的人？為什麼？

2. 開一張你自己的「責任名單」。想一想在你的生活中，你可以完全控制的事物有哪些。以下是幾個例子：

例1. 我為自己的幸福負責。

例2. 我為自己對別人的反應負責。

80
做一個早起的人

這可能跟一般邏輯背道而馳，但是少睡一點，多留一點時間給自己，卻可能正是你所需要的。在一天開始之前，為自己保留一、二個小時，是改善生活的好辦法。突然間，有時間讀書了，打坐也練了，還欣賞了日出的美景。你享受到的成就彌補了你損失的睡眠。

你是個早起的人嗎？如果不是，就想一想下面的做法。

1. 思考一遍你早上的作息。你如何安排這段時光？

2. 想一想你最喜歡的活動。列出十幾件你喜歡做的事情，並圈出你沒有時間做的項目。

3. 想一想將鬧鐘每天早上調早一、兩個小時的可能。形容你對減少睡眠時間這個現象的預期感受。（在你嘗試這種新生活型態一、兩星期後，再重新回答這個問題！）

4. 現在想一想你可以如何運用這段時光。列出你想在一天開始之前做的事情。記住，沒有什麼事情是你必然得做的。請隨心所欲！

5. 下一週，請重新瀏覽你的清單，增加你想做的新事情。也重新調整你的鬧鐘，調到適當的時間以便安排你早晨的作息。請不斷重新修正，直到你滿意為止。

記住，簡單的、實用的策略可以幫助你發現一種比較平和、甚至更有意義的人生。

81
想幫忙，
就專注在小事上

有時，我們想在不久的將來做大事的偉大計劃，會干擾了我們此刻做小事的機會。如果我們用心地做任何事情，我們都會感受到付出的喜悅，還可以幫忙把世界變得更明亮一點。

　　你可以專注地在小事上付出嗎？依據以下的情境，想一想你是否在什麼時候或地方幫助過什麼人，或做過什麼事。

殘障	疾病	年老
飢餓	學習	修理
環境	垃圾	幫別人找工作
運輸	工作	日常問題
寄宿	情緒問題	讓大家聚在一起
幫助動物	調解糾紛	捐錢
找尋失物	為組織工作	

82

記住，一百年後，
都是新人

一百年後，我們都會從這個星球消失。當我們將這一點牢記在心，遇到危機或壓力時，我們就會擁有所需的鎮定。

　　請列一張清單，將去年你想得到的苦惱都寫出來，再決定哪些在一百年後還會顯得要緊。請寫N代表不要緊 (Not Important)，P代表可能 (Possibly)，Y代表很重要 (Yes)。

83
快樂起來

這些日子以來，似乎所有的人都變得太嚴肅了。人們幾乎對任何
事情都感到焦慮與挫折。簡單的說，我們要事情按照固定的方式
進行，可惜事與願違。人生就是如此。接受人生的原貌時，你就
自由了。固執就會認真和緊張，放手就能放鬆！

　　你是不是把人生看得太嚴肅了？只要想一想下面這些問題，
你就可以快樂起來：

1. 上一次你遲到或是等待遲到的人時，你做了什麼？後果是什
麼？而下一次你可以如何看待遲到？

2. 有一次你出去吃晚飯，卻痛恨那裡的食物，那時你做了什
麼？而下一次，你會怎麼做？

3. 孩子在你的面前做了一件你認為不妥當的事情。你怎麼處
理？而下一次，你可能會如何對待孩子？

4. 在做工作報告時，你犯了一個錯誤，被同事指出來。你的反應是什麼？而下一次，你可能會有什麼樣不同的反應？

5. 你的車子壞了，因而錯過你期待已久的事件。你怎麼辦？而下一次，你可能會怎麼做？

6. 你從商店回來，發現有東西不見了。你怎麼辦？而下一次，你可能會如何反應？

7. 你忘了或遺失了鑰匙，被鎖在自家門外。你怎麼辦？而下一次，你可能會怎麼做？

8. 你打算出席某項社交場合穿的服裝乾洗店尚未洗好，或是你忘了去拿回來。你如何反應？而下一次，你想可以怎麼做？

9. 你沒有及時回應，錯過一個重要的截止日期。你怎麼做？而下一次，你可能會怎麼做？

10. 上面有一題你想不出答案。你是怎麼做的？而你可以改成怎麼做？

84
養一棵植物

內在平安的一個條件，就是學習沒有條件的愛。問題是，要毫無條件地愛一個人、任何人，都很困難。可是，植物就不同了，愛植物本來的樣子是很容易的。養一棵植物可以提供我們一個絕佳的機會，練習沒有條件的愛。

　　你可以提供沒有條件的愛嗎？想一想下面這些問題。

1. 你上次毫無條件地愛某個東西或某個人，是什麼時候的事？是什麼樣的環境使你可能這麼做的？

2. 練習將那種感覺延伸到某個東西或某個人身上。注意看看阻礙你的是什麼。你如何消除障礙？

3. 想一個你愛的人。列出你不喜歡那個人的地方，然後再列出你所喜歡的部份。每天注意你「喜歡」清單上的其中一項，試著不去理會你「不喜歡」的清單上的項目。

4. 想一個你不喜歡的人，列出你不喜歡那個人的地方。你想得出喜歡的部份嗎？你可不可以試著在不理會「不喜歡」清單的同時，注意你「喜歡」清單上的任何項目？

5. 想一群你不喜歡的人（種族、宗教等等），列出你不喜歡那群人的地方。藉由閱讀、租錄影帶、觀察等等，學習去瞭解那一群人。你有辦法消除任何不喜歡的項目嗎？你是否從研究中發現任何可以讓你將愛延伸到這群人身上的地方？

6. 想一想過去你挑剔的人。列出你挑剔他們的理由。如果現在你生命中的人展現出同樣的毛病，你可能會如何處理？

85
多花一點時間
去改造你的問題

障礙和問題都是人生的一部份。真正的幸福不是來自我們甩掉所有的問題時，而是當我們改變看待問題的方式時。我們的問題可能是覺醒的資源，也是鍛鍊耐心與學習的契機。

　　你能改變看待問題的方式嗎？完成這份問卷就曉得。請讀完每題的三組陳述，決定哪組最適合你。把分數寫在空格處。

1. 如果我跟同事發生問題，我會：

____試著迴避同事以避免摩擦。 (2)

____對抗同事，甩掉這個問題。 (1)

____接受有問題的事實，但是不讓它干擾我的工作。 (3)

2. 如果家中有人出現嚴重的健康問題，我會：

____絕望地崩潰，不知如何是好。 (1)

____咬緊牙根，幫助家人度過難關。 (3)

____假裝沒有健康問題；我痛恨醫院。 (2)

3. 如果有位密友突然發生酗酒問題，我會：

_____假裝問題不存在。 (2)

_____每次出去時就拿這件事來煩我的朋友。 (1)

_____嘗試冷靜地跟好友談論我注意到的問題。 (3)

4. 如果我出了車禍，我會：

_____接受人生有些事是無法控制的。 (3)

_____變得歇斯底里，爲何壞事總是落在我頭上。 (1)

_____將發生的事情怪罪在周圍的人身上。 (2)

5. 如果我收到通知，知道國稅局要查我的帳目，我會：

_____緊張難過到沒有胃口。 (1)

_____認爲付稅是生活的一部份，然後打電話給我的會計師。 (3)

_____懷疑這種事爲何總是發生在我身上。 (2)

6. 如果我多年來喜歡的上司離開公司了，我會：

_____祝上司新工作如意。 (3)

_____擔心我的新上司。 (2)

_____拒絕爲其他人工作，跟著辭職。 (1)

7. 如果有人期望我接下龐大的任務，我會：

_____變得激動，不知道從何著手。 (1)

_____懷疑我為何要接受，可是還是會完成任務。 (2)

_____把工作當作挑戰，並期待這項任務。 (3)

8. 如果配偶帶了一個我並不特別喜歡的朋友回來，我：

_____可能不會告訴配偶我的感受，可是會生一陣子悶氣。 (2)

_____可能會告訴配偶我的感受，然後試著接納這個朋友。 (3)

_____可能會在這個朋友出現時，每次提醒配偶我的感受。 (1)

9. 如果有個親戚問我可不可以暫時跟我住在一起，我會：

_____收留我的親戚，但一定會定下一些基本生活規矩。 (3)

_____會嘮叨一下再收留他，為生活受打擾感到不悅。 (2)

_____收留親戚，可是一定要他曉得這對我是多大的負擔。 (1)

10. 如果我的配偶突然開始加班，我會：

_____以為配偶有了外遇，開始生氣。 (1)

_____私下懷疑，可是不會說出來。 (2)

_____直接問配偶，試著接受這個答案。 (3)

抓狂指數記分板

21～30：你用正面的眼光來看待你的問題。

11～20：你嘗試用不同的方法來看待你的問題。

1～10：你必須努力練習處理你的問題。請做幾口深呼吸，然後
　　　　想想如何改變你看待那些麻煩問題的方式。

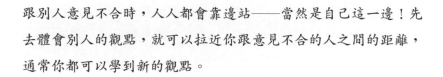

86

下次爭吵時，別急著為自己辯護，先聽聽別人的觀點

跟別人意見不合時，人人都會靠邊站——當然是自己這一邊！先去體會別人的觀點，就可以拉近你跟意見不合的人之間的距離，通常你都可以學到新的觀點。

你可以先去體會別人的觀點嗎？想一想下面的狀況，回答你的立場是什麼？而對方的立場又是什麼？你要怎麼辦？大聲把你的答案唸出來。你嘗試過體會他們的觀點嗎？

1. 回想你跟家人的爭執。

2. 回想你跟朋友的爭執。

3. 回想你在工作上跟同事的爭執。

4. 假設你跟朋友出去，他們想看一部電影，而你想看另一部。

5. 假設你去參加一個派對。有人開始談論他所偏好的政治候選人，而這位候選人恰巧不是你的選擇。

6. 假設配偶、朋友、同事或家人告訴你，他們覺得你佔了他們的便宜。

　　記住，任何爭執都有兩面。嘗試去看看另一面，你不但可以多瞭解對方一點，也可以多瞭解自己一點。

87

重新定義一個「有意義的成就」

如果你問一般人：「什麼是一個有意義的成就？」典型的回答幾乎都是強調人生的外在層面，那些發生在外面的事。不過，如果你的目標之一是內在的安寧，這些當然就不是最重要的成就。衡量成就的真正標準不是在於我們做了什麼，而是我們是怎樣的人，心中有多少愛。

你可以認可自己的有意義成就嗎？請閱讀每種情況，把它運用在你最近發生的經驗上。請根據你的適用情況回答是或非。

1. 朋友最近跟我起了點爭執。我能體會他的觀點。　　____

2. 朋友最近買了新車。我很替他高興，沒有感到嫉妒。　____

3. 我想不透該如何使用新電視機的遙控器。不過，我不但沒有感到挫折，還做了一口深呼吸，找人幫忙。　____

4. 我所參與的小組任務非常成功。我享受團體的成就，沒有凸顯自己的功勞。　　____

5. 有天早上醒來時我的心情很差，可是我努力換了一個

心情，沒有糟蹋了這一天。　　　＿＿＿

6. 有個朋友帶著問題來找我。我沒有跟他分享我的問題，
   只是同情地傾聽。　　　＿＿＿

7. 我最要好的朋友剛剛紋身。我很痛恨紋身，儘管如此，
   我還是稱讚了朋友，表達了興奮之情。　　　＿＿＿

8. 我瞭解我漸漸對一個親密的家人感到憤怒。但是我退
   了一步，把惱怒拋到一邊去。　　　＿＿＿

9. 我的另一半抱怨我沒有注意家庭。我沒有為自己辯解，
   只是敞開心胸體貼地傾聽。　　　＿＿＿

10. 有個朋友做了一項粗魯的批評，傷了我的心。我決定
    不鑽牛角尖，把注意力轉到朋友身上。　　　＿＿＿

11. 我奉命接一個大案子，責任重大。我不但沒有焦慮過
    度，反而把它視為一項興奮的挑戰。　　　＿＿＿

12. 我的派對出現的人比預期中多。我沒有責怪人們未回
    覆邀請函，只是請人出去多買一些飲料和洋芋片。　　　＿＿＿

13. 我看到鄰居吃力地抱著一袋雜物，就自動幫忙。　　　＿＿＿

14. 我撿起附近鄰里角落的垃圾。　　　＿＿＿

15. 老闆在同事面前對著我大吼大叫。我瞭解老闆的壓力
    真的很大，請他放鬆一下。　　　＿＿＿

抓狂指數記分板

　　如果你的答案大部份都是肯定的，那麼你不但在改變態度上做得極好，在重新定義有意義的成就上也是如此。

　　如果你的答案大部份是否定的，就別再爲小事抓狂了！把這項問卷調查留作他日的參考。每個月請再重做一次測驗，然後跟先前的回答做比較。希望你會開始看到你的態度起了變化。恭喜你！這些眞的都是人生最有意義的成就。

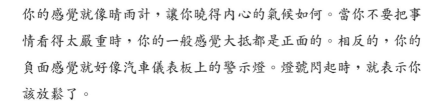

88
傾聽你的感覺
（它們想告訴你某件事）

你的感覺就像晴雨計，讓你曉得內心的氣候如何。當你不要把事情看得太嚴重時，你的一般感覺大抵都是正面的。相反的，你的負面感覺就好像汽車儀表板上的警示燈。燈號閃起時，就表示你該放鬆了。

　　你聽得見你的負面感覺嗎？選出你記憶中在去年曾發生的感覺。寫下發生的場合，以及你如何處理。

漠不關心	鐵石心腸	自我中心
百無聊賴	昏睡狀態	悲傷不已
沮喪	絕望	不耐煩
煩擾萬分	焦躁不安	害怕
羨慕	鬧彆扭	生氣
痛恨	復仇心強烈	狂躁
深感抱歉	羞愧難當	

89

如果別人投一個球給你，你並不需要接住它

完全行動手冊

我們內心的煎熬常常來自好管閒事。別人丟一個難題給你，你便以為自己必須接下它。記住，你並沒有義務去接球，這是減輕你生活上的壓力非常有效的方法。

你是那種好管閒事的人嗎？請為下面每種情節設想出另外一種反應。

1. 你接到母親的電話，她住在另一座城市你的老家裡。她抱怨打掃和維修房子很辛苦，向你訴說她有多麼寂寞，因為晚上她無法獨自出門。你主動說下週末要帶她去找新公寓，可是她拒絕了，而且很生氣你居然會做出這樣的建議。

2. 十二歲的女兒向你抱怨她好無聊。這是一個下雨的星期日，她的朋友們都不在。你建議跟她一起做點事，而且想出了一

長串的建議，包括烘焙糕餅、做木工、藝術創作，甚至去租錄影帶看。她氣沖沖地回房，大叫道：「你就是不懂！」

3. 你總是負擔了過重的工作量，而過去一個月來，你每天晚上都要加班，你每個週末至少也要加一天班。有天早上，老闆帶著一個別人「沒空做」或承辦人員去度假了無法做的案子，進你的辦公室來。你說「沒問題」，可是等老闆一離開，你承認你覺得自己被利用了。

4. 家庭年度聚會的兩週前，還沒有任何親人提起團聚的事。過去五年來，都是由你來準備大餐，雖然你要上全天班，晚上還要上夜校。你覺得今年應該輪到別人了，可是人人總是藉口推託說「我的公寓太小了」或「我連燒開水都會燙到手」。最後，你妹妹打電話來，明白地暗示聚會時間到了。你說：「我猜我又要再做一次晚餐了。」你憤怒地掛上電話。

5. 你孩子的少棒球隊教練是你的好友，他要你答應萬一比賽或練球時他無法出席，由你去取代他的位置。雖然你很樂於幫他一把，而且也真心喜歡棒球，可是最近是你這一行的忙碌季節。在一個月代班八次後，你終於受夠了。你拒絕了他，但是你又接著開始擔心孩子在球隊中的位置以及你們的友誼。

6. 你跟現任的女朋友或男朋友交往好幾個月了，在參加派對和跟朋友聚餐好幾個週末後，你期望能夠靜靜地單獨吃頓雙人晚餐。星期四晚上，你的對象興奮地打電話來，告訴你高中時代好友要進城來，希望可以讓這個人加入你們的週末計畫。你擔心如果說出真實的感受，對方可能會生氣。

7. 你的高中同學正在籌備開同學會，由於你還住在原來的地方，也被拖去參加。有個「朋友」提名由你來準備食物，因為你做的正是外燴生意。你感到尷尬，因為不論你選不選自己的公司來提供食物，都會有你不想處理的意見和傷感情的事發生。可是你又想不出該如何脫身。

8. 由於你生性慷慨，當你去年捐款過的慈善機構又打電話問你是否要跟去年捐一樣的金額時，你只好說：「好啊！」即使你今年的手頭比較緊。你開了支票，可是又很氣自己心太軟了，只好努力想看看哪張帳單可以晚一點付。

9. 有位同事承認他的婚姻觸礁了，他很難過，工作也受到影響。你同情他，所以幫他做更多工作，還陪他吃午飯，跟他談問題，建議他去進行婚姻諮商或離婚仲裁。過不了多久，他似乎佔據了你的整個生活。

10. 度假期間，你們夫妻跟另一對夫妻處得很好。旅行回來後，

你們見過兩次面。六個月過去了，你們沒再聚過，也沒通過電話。你猜這只是那種遊船友誼罷了，他們卻又邀請你們去參加女兒的婚禮。你不想去，可是覺得還是必須送個禮。既然要送禮，還不如去參加算了，可是你又不想去！

別
為
小
事
抓
狂
特
輯

90 凡事都會過去

當我們體驗到愉悅時，總希望它能永遠如此。可是，它從來無法持久。當我們體驗到痛苦時，總要它立刻離開，可是，它通常也不會立刻消失。而不快樂就是和體驗洪流抗衡所導致的結果。

請嘗試藉由下面的練習來瞭解，人生是一件事接著一件的。從你記憶中最早的快樂回憶開始，把它寫下來。再想一想同一時期發生過的沒那麼好的事，也把它寫下來。然後再想另一件好事……就這樣一直繼續下去。重點不在於正確的順序，只是要你看出在經驗的細水長流中，有好也有壞。

91
用愛充滿
你的一生

每個人都希望有一個充滿了愛的人生。想要實現這個願望，我們就要從自身做起。我們必須先做愛的夢想與來源。

你的愛心有多少？完成這份問卷就曉得。下次你發現自己因為生活中或世界上缺乏愛而感到挫折時，請試著對那些沒有得到你多少愛心的人付出更正面的感情。請寫下你在生活中對人所感受到的愛有多少，最低是1分，最高是5分。

母親 ＿＿	父親 ＿＿	兄弟 ＿＿
姊妹 ＿＿	祖母 ＿＿	祖父 ＿＿
姑姨 ＿＿	叔伯 ＿＿	表兄弟姊妹 ＿＿
子女1 ＿＿	子女2 ＿＿	孫子女 ＿＿
配偶 ＿＿	前任配偶 ＿＿	交往對象／同住的寵物 ＿＿
宗教領袖 ＿＿	鄰居1 ＿＿	鄰居2 ＿＿
鄰居3 ＿＿	醫師 ＿＿	老闆 ＿＿
同事1 ＿＿	同事2 ＿＿	同事3 ＿＿

同事4 ＿＿　　同事5 ＿＿　　朋友1 ＿＿

朋友2 ＿＿　　朋友3 ＿＿　　朋友4 ＿＿

朋友5 ＿＿　　其他 ＿＿

92
明白你的
思想能量

想要產生任何感覺，就必須先有產生那個感覺的念頭。不快樂不會單獨存在。不快樂是伴隨你生活中的負面思緒而來的。這項簡單的領悟將是你邁向快樂之路的第一步。

　　你明白你的思想就是力量嗎？如果不明白，就想想下面的問題。

1. 想一想上次你很不快樂的時候。你心中盤旋的是何等不快樂的念頭？現在再想想：並非是你的生命不幸福；只是你的想法不快樂罷了。

2. 想一想上次你極度憤怒的時候。你心中盤旋的是怎樣的憤怒念頭？現在再想想：並非是你的人生充滿憤怒；憤怒的只是你的想法罷了。

3. 想一想上次你感到緊張的時候。你是為什麼事感到緊張呢？

現在再想想：你的人生並非是一團莫大的壓力；有壓力的只是你的想法罷了。

4. 下面是一些負面感覺。想想看你在什麼時候產生這些感覺，把它寫下來。

　　煩躁　　失望　　焦慮　　挫折　　嫉妒

5. 現在想一想你可以如何將以上的負面感覺轉為正面的。

　　如果沒有強烈的情緒，我們就不是人了。可是有太多負面感覺擠在心頭時，人生就會變得不快樂。叫那些負面感覺走開；然後再為那些可以帶給你幸福的正面感覺留些空間。

93

放棄「多就是好」的想法

只要你認為多就是好,你永遠不會滿足。學習滿足不表示你不能、不會或不應該想要更多,只是要你曉得,你的幸福並不建築在這上面。請發展一種新方法來欣賞你已經享受到的福氣!

　　你認為「多就是好」嗎?完成這份問卷就知道。每題有三組陳述,請讀完每一組陳述,再決定哪一個比較適合你的情況。然後把分數填在空格處。

1. 每次開始跟新朋友約會,我:

＿＿＿就忍不住會想,外面還有誰呢。 (2)

＿＿＿就對那個人很滿意。 (3)

＿＿＿就把那個人想像成別人。 (1)

2. 每次在工作上升遷時,我:

＿＿＿就期待下一次的升遷會是什麼。 (2)

＿＿＿接受我的工作,嘗試做好它。 (3)

_____就想著這份升遷在履歷表上好不好看。 (1)

3. 我最近剛剛翻修了我的夢幻小屋。我會：

_____猜想下一次還可以翻修什麼。 (2)

_____欣賞並享受成果。 (3)

_____想我或許應該賣了這幢房子，再找一幢更好的。 (1)

4. 我的花園在社區新聞中受到好評。我會：

_____想像明年我的花園會更好。 (2)

_____為鄰居喜歡我的花園感到受寵若驚。 (3)

_____心想還可以做什麼才能得到更好的評價。 (1)

5. 我最近買了一部新車。我會：

_____心想過幾年這部車不曉得可以賣多少錢。 (2)

_____愛我的新車，絕不賣它。 (3)

_____後悔我的選擇，希望買的是另一輛。 (1)

6. 我終於瘦了十磅。現在我會：

_____覺得自己看起來好多了。 (2)

_____喜愛自己的模樣，而且買了一些新衣服。 (3)

_____希望自己看起來像電視明星。 (1)

7. 如果我有一篇短篇小說被一家小雜誌採用了，我會：

_____責怪自己沒有把故事寄給大雜誌社。 (2)

_____欣喜若狂地期待自己的名字被印出來。 (3)

_____質問自己為何沒有寫出偉大的美國小說。 (1)

8. 我們社區的壘球隊贏了全縣冠軍。我會：

_____告訴隊友明年我們將會拿下全省的冠軍寶座。 (2)

_____告訴隊友我有多開心。 (3)

_____告訴隊友我們應該加入職業隊。 (1)

9. 我終於找到我想收藏的那本很難找到的電影大事記。我會：

_____瀏覽目錄，看看可以賣個什麼價錢。 (1)

_____把它展示出來，跟朋友共享。 (3)

_____盤算下回應該收集什麼。 (2)

10. 我和另一半終於去度了我們非常需要的假期。我會：

_____心想不曉得街尾那家飯店會不會更好。 (2)

_____好好享受我們的飯店，不想住其他地方。 (3)

_____想像別人都更快樂。 (1)

別為小事抓狂特輯

抓狂指數記分板

21～30：恭喜你！你很滿意你所擁有的一切。

11～20：多一點似乎比較好一點。

1～10：你需要享受你已擁有的一切。現在就從你已經擁有的或
　　　　成就的某件事開始。你會發現生活本身看起來好多了。

94
不斷問自己：
「這真的很重要嗎？」

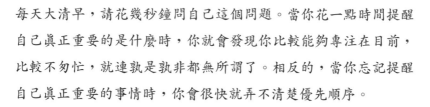

每天大清早，請花幾秒鐘問自己這個問題。當你花一點時間提醒自己真正重要的是什麼時，你就會發現你比較能夠專注在目前，比較不匆忙，就連孰是孰非都無所謂了。相反的，當你忘記提醒自己真正重要的事情時，你會很快就弄不清楚優先順序。

現在就花幾分鐘來檢查一下。看看下面的名單，針對每個項目寫下以下兩個答案：(a)次要事項，也就是跟這個人、地方或事情有關，不是真的重要，卻得到超過應有注意的事情。(b)首要事項，也就是真正重要，值得獲得更多注意的事情！

父母	手足	配偶	前任配偶
子女	至交	老闆	同事
家庭	工作	通勤	個人外表
節食	運動	節日	通信
娛樂	度假	慈善或公益服務	

95
信任你直覺的心

信任你直覺的心，意味著傾聽並相信內心那個安靜的聲音，它知道你需要做什麼。你可以從找一點安靜的時光，整理心情去注意傾聽開始。不要理會任何習慣性、自欺式的想法，只要注意開始浮現的沈著念頭。你將會發現，當你的直覺發出訊息，你也以行動回應它時，你通常會得到正面而有愛心的經驗。

今天就開始信任你直覺的心。如果你不曉得從哪裡開始，就試試下面這些練習。它們需要你整理你的心，真的試著進入你自己。把你的記憶寫下，你就開始上路了。

1. 回想你上學以前的事。（如果你記不起那麼遙遠以前的事，儘可能想得遠一點就行了。）請試著記起一段特別快樂的時光。是什麼讓它如此愉悅？

2. 回想上學前或幼稚園時期，當你有機會選擇活動時，你想你是如何決定要做什麼的？

3. 嘗試記起你在學校考試時，面臨選擇兩個同樣誘人的答案的

時刻。你是如何做決定的？

4. 想想你要趕截止日期，可是又很疲憊，只好先放下工作，後來又可以精神抖擻地繼續了。你怎麼曉得該怎麼辦？

5. 想想以前你在工作（木工、編織等等）的時候，碰到一個意想不到的瓶頸，可是不用找幫手或看指示，就自己解決了。

6. 想一種你擅長的體育活動。你怎麼曉得什麼時候該怎麼辦？

7. 嘗試記起你可以說出是什麼事在困擾著某個人，雖然你不知道自己為何曉得的往事。你可能是如何想出來的？

8. 回想你有一回認真解決某個問題，腦子卻覺得很累。你停止思考，突然間解答就浮現了。你想這是如何發生的？

9. 你怎麼曉得你是否做對了生涯抉擇？

10. 你怎麼曉得某個人是否適合你？

11. 現在試著整理你的心。哪些念頭或感覺浮現在你心底？它們建議你做什麼來追隨它們？每次你認為自己「思考過度」時，就試試這個做法。

96
對現況敞開心扉

大部份內心的掙扎都是出自我們想控制生活的欲望，堅持它應該換個不同的樣子。可是，人生無法總是盡如人意，它就是這個樣子。我們越面對現實，心中就越安寧。

你可以對「現況」敞開心扉嗎？完成這份問卷就曉得，請勾出你認為是對的陳述。

____我醒來時天正在下雨。我痛恨下雨。

____我最喜愛的錄影帶被人先買走了。我的心情糟透了。

____我有工作要在家裡完成。希望大家不要再來煩我了。

____我為自己的另一半做了一頓特別的晚餐，他卻幾乎連碰都沒碰一下。真氣人！

____我去參加派對前，必須先知道有哪些人會出席。

____我不太清楚開會要做什麼。真是焦慮！

____兔子吃掉了所有番紅花。現在花園全毀了。

____我必須在醫師的診所裡等一個小時，簡直快要氣炸了。

____我努力做了一件事後，就會期待別人的感激。如果得不到，

我就會鬧彆扭。

＿＿我忍不住想道，如果由我全權作主，這個家會打理得更好。

＿＿我很想打網球（或另一種運動），可是打不好，所以不打。

＿＿要是能夠突破的話，我的事業一定會更進一步。

＿＿真希望可以讓我的男朋友 (女朋友) 愛我。

＿＿真希望我可以長得好看點，我要儘快動手術美容。

＿＿我把所有的錢都給了他們，你瞧他們是怎麼對待我的。

＿＿我沒有興趣知道你的想法，除非你同意我的看法。

＿＿你想不出那些鄰居們有多打擾我。

＿＿要是我的孩子可以再用功讀書一點，我就不用擔心了。

＿＿他們不知道如何管理這座城市（這個國家等等）。

＿＿我不想聽壞消息。

＿＿沒有任何事情可以毀了這一天。

＿＿我很難過我的精力沒有過去好。

＿＿我的配偶 (伴侶、我交往的人) 的行為真令我尷尬！

＿＿別吵！

＿＿要不是父母阻擋，我早就做大事了。

＿＿他們為何不能自己收拾善後？

＿＿我無法相信你會說出這種話。你是在開玩笑吧？

＿＿那個教練很低能。要是由我來帶球隊，做法一定不一樣。

＿＿我應該得到更好的服務。我以後不來這裡了。

＿＿不要告訴我你覺得我做錯了什麼。我不想聽。

＿＿我覺得你應該這麼做。這不是比你想做的更好嗎？

_____要是你會打牌，我們本來可以贏了這場比賽。

_____你說得對，我是這麼說過。但現在我改變心意了，可以嗎？

_____他們故意刁難我。

_____如果你不這麼做，我就離開你。

_____如果你敢那麼做，我就離開你。

_____還會有更好的事。

抓狂指數記分板

10分以下：一般說來你都活在「現況」裡。

10～18分：你多半會接受世界的原貌。

19～28分：你太在乎你所沒有的東西。

29分以上：你是那種「萬一」型的人，而非「腳踏實地」型的
人，如果你可以多接受現況一點，就會更快樂一點。

97
管好自己的事

你是否常常發現自己說出這樣的話：「我要是她就不會這麼做」？
你是否經常為自己無法控制或幫上忙的事感到困擾、生氣或憂
慮，連不關你的事時，也瞎操心？我們把焦點放在別人問題上的
主要原因之一，是為了避免面對自己。

　　你有沒有管好自己的事？下面的是非題練習可以幫助你找出
你的問題所在。

有時候我會說些同事說過或做過的傻事。　　　　　____
我有時會說鄰居的閒話。　　　　　　　　　　　　____
我有時會跟一個朋友說另一個朋友的閒話。　　　　____
我愛看專門報導名人隱私的雜誌和新聞節目。　　　____
我有時候會偷聽我不小心聽到的談話。　　　　　　____
我有時會回應別人在電話談話中所做的批評。　　　____
我試著鼓勵上零售店的朋友跟我去批發店買衣服。　____
我會勸超重的朋友採用對我有效的節食方法。　　　____
我有時很難瞭解朋友們究竟是怎麼看上他們的伴侶。　____

我有時很難理解朋友們為何放不掉不健康的感情。　　____

接下來問你自己：

1. 想一想你何時曾多管閒事，解決別人的問題。並問：

　　a.那是什麼問題？那個人對你的努力做何感想，感激或厭惡？

　　b.事後回想起來，你覺得不請自來，多管閒事的感覺如何？

　　c.下次你會怎麼做？為什麼？

2. 列出三種可以改正多管閒事毛病的方法。

3. 「管好自己的事」將如何簡化你的生活，請列出三點。

4. 請列出三個跟你比較有關，而且在你不多管閒事之後可以專注去做的事情。

98

在平凡中尋找不凡之處

我們在人生中看到的是我們想看的部份。如果你想在別人身上，你自己的事業上，還是整個世界裡找過錯，你當然可以這麼做。可是反之亦然。如果你在平凡中尋找不凡之處，你可以訓練自己去看見它。

　　仔細看看下面可以找出哪些不凡之處？

蜘蛛網	小貓咪	小鵝卵石
燈泡	雞蛋	鳥巢
指印	雪花	磚
仙人掌	春天第一朵花苞	蟋蟀的唧唧叫
電視	嬰兒	跑者
飛上天的鵝	沙粒	海浪
電話內	電腦線路	紗線
愛人的聲音	彈奏中的鋼琴	你最喜歡的香水味
奧運滑冰比賽	手織布料	燃燒的蠟燭

夜晚的火車鳴笛聲　　　屋頂的雨聲　　　從種子長出來的蔬果

果凍　　　　　　　　　塵埃　　　　　　新出爐的麵包

最心愛的歌曲　　　　　咖啡香　　　　　落日

風吹著的雲　　　　　　向日葵　　　　　破曉

99

安排時間
做內心功課

在財政計畫的領域中,有一條宇宙共通的原則,就是先酬謝自己。你若是等到付清所有債務才開始存錢,根本不會剩下半毛錢留給自己了!同樣的,如果你等到所有工作都做完以後,才開始你的精神修行計畫,你永遠不會有空的。

　　你有沒有為自己的內心功課安排時間?試試下面的練習。

1. 想一些你想為自己做的事,好比閱讀、禱告、省思、沈思、練瑜伽和做運動。

2. 列出你必須做哪些努力才能為每件事挪出時間。好比,你必須請個保姆,才能參加運動課程。

3. 現在每天安排一點時間,像是訂下一個真正的約會,來做你列在上面的事情。把一個約會寫在你明天的行事曆中。然後用一星期來完成其他的事。

　　你一旦開始做內心功課,就無法想像生活如何少得了它。

100

把今天當作最後
一天來活，它可能就是！

沒人知道我們能夠活多久。悲哀的是，我們的作為卻好像自己可以永遠活著。我們延遲了內心想做的事。我們想出複雜的理由來合理化自己的行為，浪費時間和精力去做一些無足輕重的事情。

　　你有沒有把每一天當作最後一天來活？下面有多少事情是你想做，卻覺得沒有時間做的？你還可以想出其他事嗎？試著在餘生中每天做一項，不論你的人生究竟有多長。

1. 開始閱讀你一直想要讀的書。

2. 縫你一直想穿的衣服的扣子。

3. 粉刷房間。

4. 逗孩子笑。

5. 跟年老的親人共度一天。

6. 清除抽屜。

7. 移交。

8. 試吃新食物。

9. 開始學唱一首歌。

10. 領養一隻寵物。

11. 花一小時來記錄你的餘生想做些什麼。

12. 打電話、寫一封信或傳送電子郵件給遠方的朋友。

13. 開始種植物。

14. 關上電視，跟同住的人聊天。

15. 玩遊戲。

16. 去跳舞。

17. 休息一小時，什麼事都不做。

18. 用電腦學點新東西。

19. 做一項你喜歡的運動。

20. 真的正視別人的眼睛。

21. 找出如何跟你想見面的名人聯絡的方法。

22. 邀請某個人來吃晚飯。

23. 參觀你一直想去的博物館。

24. 計畫一個假期。

25. 參與一件有意義的事。

26. 一整天都不要找別人的碴。

27. 不要帶著怒氣睡覺。

28. 學習你的或別人的宗教。

29. 開始寫日記。

30. 把照片放入相本中。

31. 觀賞日落。

32. 為嘎嘎叫的輪子上油。

33. 開心地笑一笑。

34. 不要競爭。

35. 烘焙糕餅。

36. 學一個新字。

37. 在大自然中享受片刻。

38. 不要對自己產生半個負面念頭。

39. 放自己一天假。

40. 對某個人說：「我愛你。」

別為小事抓狂3
——樂在工作100招

定價◎280元

理察・卡爾森博士◎著

朱衣◎譯

吳若權　莊淑芬　戴晨志
.... 快樂推薦

面對沈重的工作負擔，難搞刁鑽的同事、上司，

你是否只能緊張兮兮、不停抱怨，

讓自己繃得像壓力鍋，不知道何時會爆炸？

工作中的紛亂衝突不可避免，你卻可以轉換心情和作為，

用愛、仁慈、真誠、洞察力和幽默感，打造成功充實的職場生涯！

理察・卡爾森博士在本書中提供了100種工作妙招，

教你如何從具體的技巧和心理的調適雙管齊下，

建立「無壓力」的工作環境，激發最大的工作潛能，

戎為最有創意、勇氣、彈性與效率的快樂工作人！

與天堂對話
──來自另一個世界的溫馨訊息
通靈大師　詹姆斯‧范普拉◎著
朱衣◎譯
定價◎260元

名家推薦　　《前世今生》作者布萊恩‧魏斯
●紐約時報暢銷排行榜冠軍

一則則超越生與死的深情告白，
教你接收來自靈界的鼓舞，體驗生命的奇蹟。

美麗人生十大守則
──調整心靈的DNA
雪莉‧卡特史考特博士◎著
朱衣◎譯
定價◎160元

名家推薦　　《別為小事抓狂》作者理察‧卡爾森
　　　　　　《心靈雞湯》作者傑克‧坎菲爾
●紐約時報暢銷排行榜冠軍

十種簡單圓融的處事智慧，
給你啟發的指引、溫柔的提醒，幫助你探索真心。

生活更快樂
──達賴喇嘛的生活智慧
達賴喇嘛、霍華德‧卡特勒博士◎合著
朱衣◎譯
定價◎250元

名家推薦　　鄭振煌　鄭石岩　胡因夢
●紐約時報排行榜暢銷29週佳作

一場靈修智慧與生命科學的心靈對話，
帶你尋求生命中最美好的一面，追求真正的快樂。

別為小事抓狂
—得意人生100招
理察‧卡爾森博士◎著
朱恩伶◎譯　定價◎230元

名家推薦	黃光國　黑幼龍　朱迺欣　林琦敏

●紐約時報暢銷排行榜88周冠軍　　全台熱銷20萬冊

　　生活不該是一場緊急事故，改變態度和想法，接受生活本來的面目，容許不完美，用心感受光明面，我們就過得優雅而從容。

　　本書提出100種簡單慧黠的生活建議，告訴讀者如何在步調快速、充滿壓力的日子裡平靜下來，並進而在全球掀起「別為小事抓狂」的輕鬆生活風潮。

別怕賺不到錢
—富裕人生100招
理察‧卡爾森博士◎著
朱恩伶◎譯　定價◎230元

名家推薦	陳安之　李建復　吳淡如　心岱

●紐約時報暢銷排行榜18週冠軍　　全台熱銷3萬冊

　　你想賺大錢，又活得快樂自在嗎？無憂無慮的人生更充滿著可能性，賺錢的本事，就在拒絕讓煩惱擊敗你。

　　本書剖析100則別開生面的生財之道，破除了步步為營的理財觀迷思，並提出許多創意十足的投資建議，指引讀者積聚更多財富，也獲得美妙的生活樂趣。

別為小事抓狂2
—快活人生100招
理察‧卡爾森博士◎著
朱衣◎譯　定價◎250元

名家推薦	王浩威　李小敏　陳水扁　張怡筠　謝長廷

●美國1998年「美好生活」書獎得主　　全台熱銷8萬冊

　　冒失的言行、難改的積習，眾多家庭瑣事堆砌成了充滿壓力的生活環境。只有當我們變得更放鬆而平靜，才能懂得包容與感恩，創造和諧慈愛的家庭。

　　本書提供100種懇切實用的方法，教讀者解決與家人相處時常見的困擾，學會不被瑣事打敗，以重拾家庭生活的喜悅，增添生命能量。

愛到天長地久

── 100種甜蜜配方

朱衣◎著

定價◎250元

邀你共享醞釀甜蜜愛情的百種新主張，
讓你和伴侶活得更快樂、更自在。

做自己的心靈捕手

武佳◎著

定價◎200元

以最新心理科學解讀心靈世界，
提供通往自由圓融的人生之鑰。

生活愈簡單愈好

賽西兒‧安德魯絲◎著

朱衣◎譯　定價◎300元

回歸簡約的生活智慧，
讓你心靈豐美、重新成長。

小奇蹟大啓示

── 人間處處有巧合

萊蒂‧杭伯斯坦、萊蒂斯‧李文佛◎合著

朱衣◎譯　定價◎230元

68個溫馨奇幻的真實故事，
帶你感受奇妙的心靈感應能力，掌握幸運與福報。

人生顧問⑦

別為小事抓狂特輯——完全行動手冊

原　　著—理察‧卡爾森

譯　　者—朱恩伶

董 事 長—孫思照

發 行 人—孫思照

總 經 理—莫昭平

總 編 輯—林馨琴

主　　編—心岱

編　　輯—郁冰、郭玢玢、顏秀娟

出 版 者—時報文化出版企業股份有限公司

台北市108和平西路三段二四○號三樓

客服專線—(○二)二三○四—七一○三

郵撥—○一○三八五四～○時報出版公司

信箱—台北郵政七九～九九信箱

時報悅讀網—http://www.readingtimes.com.tw

電子郵件信箱—ctliving@readingtimes.com.tw

印　　刷—富昇印刷有限公司

初版一刷—一九九九年九月二十日

初版十一刷—二○○三年十一月五日

定　　價—新台幣二五○元

⊙行政院新聞局版北市業字第八○號

版權所有　翻印必究

（缺頁或破損的書，請寄回更換）

ISBN 957-13-2974-6

Printed in Taiwan

國家圖書館出版品預行編目資料

別為小事抓狂特輯 ： 完全行動手冊／理察·卡
爾森著；朱恩伶譯. —初版. — 臺北市 ：
時報文化，1999〔民88〕
　　　面 ； 　公分. — （人生顧問 ； 70）
　　譯自 ： The don't sweat the small stuff
workbook
　　ISBN 957-13-2974-6(平裝)

　1. 心理測驗

　179　　　　　　　　　　　　　　　　88012323

廣告回郵
北區郵政管理局登
記證北台字1500號
免貼郵票

時報出版
CHINA TIMES PUBLISHING COMPANY
尊重智慧與創意的文化事業

地址：108台北市和平西路三段240號3樓
讀者服務專線：080-231-705‧(02)2304-7103
讀者服務傳眞：(02)2304-6858
郵撥：01038540時報出版公司

請寄回這張服務卡（免貼郵票），您可以──
●隨時收到最新消息。
●參加專為您設計的各項回饋優惠活動。

編號：CF70	書名：別為小事抓狂特輯
姓名：	性別：_____ 1.男 2.女
出生日期：　年　月　日	身份證字號：

_____ 學歷：1.小學　2.國中　3.高中　4.大專　5.研究所（含以上）

_____ 職業：1.學生　2.公務（含軍警）　3.家管　4.服務　5.金融

　　　　　　6.製造　7.資訊　8.大眾傳播　9.自由業　10.農漁牧

　　　　　　11.退休　12.其他

地址：_____縣(市)_____鄉鎮區_____村_____里

_____鄰_____路(街)_____段____巷____弄____號____樓

郵遞區號_____

（下列資料請以數字填在每題前之空格處）

_____ **購書地點／**
1.書店　　2.書展　　3.書報攤　　4.郵購　　5.直銷　　6.贈閱　　7.其他_____

_____ **您從哪裡得知本書／**
1.書店　　2.報紙廣告　　3.報紙專欄　　4.雜誌廣告　　5.親友介紹
6.DM廣告傳單　　7.其他_____

_____ **您希望我們為您出版哪一類的作品／**
1.心理　　2.勵志　　3.成長
4.潛能　　5.知識　　6.其他_____

_____ **您對本書的意見／**
內容／1.滿意　　2.尚可　　3.應改進
編輯／1.滿意　　2.尚可　　3.應改進
封面設計／1.滿意　　2.尚可　　3.應改進
校對／1.滿意　　2.尚可　　3.應改進
定價／1.偏低　　2.適中　　3.偏高

您希望我們為您出版哪一位作者的作品／

_____

您的建議／

_____

_____